관계를 풀어가는 지혜

관계를 풀어가는 지혜

홍혜성

ABINGDON PRESS
Nashville

관계를 풀어가는 지혜

Ministry of Relationship: Conflict Management

Copyright © 2009 by Abingdon Press

All rights reserved.

ISBN 978-1-4267-0053-8

Library of Congress Cataloging-in-Publication Data

Hong, Hye-sung, 1961-
  880-01 Kwan'gye rul p'uro kanun chihye / Hong Hye-sung.
      p. cm.
  English title on t.p. verso: Ministry of relationship, conflict management
  Includes bibliographical references.
  ISBN 978-1-4267-0053-8
  1. Conflict management--Religious aspects--Christianity. 2. Conflict management in the Bible. 3. Interpersonal conflict--Religious aspects--Christianity. I. Title. II. Title: Ministry of relationship, conflict management.
  BV4597.53.C58H66 2009
  248.4--dc22
                                        2009075101

09 10 11 12 13 14—20 19 18 17 16 15 14 13 12 11 10

MANUFACTURED IN THE UNITED STATES OF AMERICA

관계를 풀어가는 지혜

추천의 말 · · · · · · · · · · · · · · 7
저자의 말 · · · · · · · · · · · · · · 8
이 책에 대하여 · · · · · · · · · · · 10

제1부　갈등관계에 대한 시각

제1과　하나님도 갈등이? · · · · · · · · · 13

제2부　갈등관계를 풀어가는 방법들

제2과　도망이냐? 공격이냐? · · · · · · · · · 19
제3과　넘어가기와 직접대화 · · · · · · · · 27
제4과　중재사역 · · · · · · · · · · · 35
제5과　감정분리 · · · · · · · · · · · 43
제6과　교회법 · · · · · · · · · · · · 51
제7과　회복의 사역 · · · · · · · · · 57

제3부　갈등과 화해의 구조

제8과　갈등의 요인 · · · · · · · · · 65
제9과　갈등의 촉진제 · · · · · · · · · 75
제10과　갈등의 증상 · · · · · · · · · 81
제11과　화해의 요인 · · · · · · · · · 89
제12과　화해의 촉진제 · · · · · · · · 97

제4부　화해사역의 실천

제13과　화해를 이루는 대화법 · · · · · · · 109
제14과　예수님의 대화법 · · · · · · · · 121
제15과　화가 나는데 어떻게 합니까? · · · · · 129
제16과　용서의 여정 · · · · · · · · · 145

참고도서 · · · · · · · · · · · · · · 159

추천의 말

　　서로 모르던 사람들이 함께 모여, 사랑하고 나누면서 사는 삶은 하나님 나라의 모형이다. 서로 자라난 배경과 문화가 다른 사람들이 관계를 맺으며 공존할 수 있다는 것이 아무리 생각해도 기적만 같다.

　　교회는 서로 다른 사람들이 주어진 공동 사명을 위하여 그리스도의 사랑으로 큰 띠를 띠고 헌신하도록 부름받은 공동체이다. 그리스도인들은 두세 사람이 모여서 기도하면 그 기도가 상달된다는 소박한 믿음 안에서 변화를 체험하며 살아가는 사람들이다. 거룩한 교제는 서로를 이해하고 염려하는 공동체적인 훈련임과 동시에 우리를 살찌우는 양식이 된다. 생각과 이론이 다르고, 신학적인 이해가 다르면 자연스럽게 갈등을 일으키게 되고, 그 갈등은 모든 집단에서 경험하는 일상적인 것이다. 그러나 갈등을 어떻게 대응하느냐에 따라서 개인과 공동체는 거룩한 성숙을 경험하게 된다. 갈등을 위기의 원인이라고 보지만, 함께 어울려서 사는 훈련을 위한 선물로 이해하는 것은 결코 쉬운 일이 아니다. 건강한 리더십은 갈등을 창조의 선물 중의 하나로 이해하고 성숙의 기회로 삼는 지혜를 가진 사람들에게 부여된다.

　　홍혜성 목사는 성경 속에서 갈등을 이해하고 치유하며, 거룩한 관계를 이루어 가는 일이 하나님 나라의 모형이라는 강한 신념으로 주제를 탐색해 나가고 있다. 성경적인 이상 속에서 우리가 당면하는 하루하루의 문제들을 풀어가면서 평화와 안정된 관계를 이루어 가는 아름다운 소명을 받고 있다는 고백으로 저자는 우리를 인도한다. 한인 교회공동체 속에서 우리는 갈등을 화해시키는 사역을 구체적으로 실천할 할 수 있다. 서로 다른 이해와 견해들을 넘어서서 아름다운 하나님의 나라를 이루어 가는 것을 제자도로 믿고, 저자가 접근하는 성경적인 원리들과 컨텍스트를 배우면서 건강한 리더십을 추구하여 가면 좋겠다. 관계를 치유할 수 있고 화해할 수 있도록 도와주려는 홍혜성 목사의 열정과 사역에 감탄하며 또한 감사한다.

　　이제 여러 교회와 리더를 통하여 관계회복과 갈등의 치유 목회에 이 책이 사용되어지고 공동의 꿈이 공유되기를 바란다. 그리고 우리 모두가 하나님의 나라를 아주 가까운 곳에서부터 한 단계 한 단계 이룩해 나가는 건강한 담론이 이루어지기를 주님의 이름으로 기도한다.

시카고에서

정희수 감독
미연합감리교회 감독

저자의 말

나는 목사가 되어 실제로 목회를 하기 전까지는 인간관계에 있어서 심각하게 갈등을 경험해 본 적이 없었다. 내가 **관계사역**에 관심을 가지게 된 것은 신학생 시절 한인연합감리교회 통일위원회에서 일하면서 민족의 화해에 대해 고민하던 가운데 무엇인가 해 보고 싶은 마음에서 시작되었다. 약 10여 년 동안 통일위원회 활동에 참여하면서 화해에 대하여 생각해 오던 중 1998년도에는 북한을 방문하여 국수공장을 시작하는 데 참여할 수 있는 기회도 있었다. 그러한 가운데 주님의 제자로 산다고 자처하는 우리가 삶 속에서 화해를 만들어가지 못하며 살고 있는 모습을 보게 되었다. 화해의 문제에 있어서만큼은 너무나 어린아이와 같이 미숙한 것을 알게 되었다. 우리가 우리의 실재 삶 속에서 화해를 만들어가지 못한다면 민족의 화해는 어떻게 이룩할 수 있겠는가? 민족의 화해를 위해서는 나 자신부터 화해하는 길을 알아야 한다. 내가 먼저 내 삶 속에서 성경이 화해에 대하여 가르쳐 주는 지혜를 구체적으로 실천할 수 있어야 조국 땅이 통일될 때 민족화해를 이룰 수 있게 되는 것이다. 그래서 나는 **민족의 화해는 나부터**라고 하는 슬로건을 걸어 놓고 성경적 평화만들기에 대해 연구하기 시작했다.

관계를 풀어가는 지혜는 남편 이성호 목사가 2003년 7월에 산타 클라라 한인연합감리교회로 부임해 온 이후부터 필자가 2008년 7월에 가나안 한인연합감리교회(마리나)로 단독 목회를 위해 떠날 때까지 5년 동안 성도들과 함께 성경공부를 하면서 만들어진 책이다.

필자가 **메노나이트 평화센터**와 **피스메이커 사역단체** 등에서 제공하던 워크샵과 세미나에 가서 배운 것과 다른 여러 책들을 읽고 성경공부를 위한 교재를 만들어가기 시작했다. 성도들의 창조적이고 솔직한 의견들을 열심히 듣고 반영하면서 우리가 교회와 가정과 직장 내에서 갈등관계가 생길 때마다 어떻게 접근하고 대응할 것인지 성경적인 방법들을 배워 나간 것이다.

5년 동안 120여 명 이상이 이 성경공부에 참여하였고, 개인적으로나 공동체적으로 많은 깨달음과 변화가 있었다. 평생 동안 교회에 다녀도 갈등을 기독교적으로 풀어가는 방법이 있다는 것을 처음으로 배웠다고 하면서 좋아하는 성도들이 많이 생겼다. 그리고 이러한 내용을 교인 전부가 다 배워서 교회 일을 할 때에 공통적인 언어와 방법을 가지고 대처해 나가면 좋겠다는 의견이 거의 매 성경공부 때마다 언급되곤 하였다.

필자 개인에게는 두 아이의 어머니로서 그들이 십대를 거쳐가는 동안 화해사역을 통해 배운 대화법이 큰 도움이 되었다. 또한 20여 년간 떨어져 살다가 함께 살게 된 시어머니와의 공동생활에서도 감정을 조절하는 일이라든가 시간을 놓고 단계별로 신앙양심에 따라 행동하는 지혜를 사용하는 데 큰 도움이 되었다.

갈등관계를 풀어가는 이 책은 시작에 불과하다. 관계를 풀어가는 성경적 지혜는 무한하기 때문이다. 이 책을 통해 많은 성도들이 대화하는 방법, 갈등을 이해하는 방법, 화해를 만들어가는 방법에 대해 깊이 배울 수 있게 되기를 간절히 바란다. 내 자신의 혀와 몸을 더 성숙하게 통제하며, **우리**의 승리를 위해 **내**가 어떻게 해야 하는 것인지 알게 되기를 기도한다. 이러한 성도들의 실천과 결단을 통해 속회가 단합되고, 임원회가 효과적으로 진행되며, 흔들리던 가족들이 건강해지고, 갈등이 생기면 생기는 대로 교회가 더 단합하고 성숙해가는 일이 생겨나길 기대해 본다. 그래서 교회가 아름다운 공동체로 거듭나게 되고, 하나님께 큰 영광을 돌리게 되기를 간절히 소원한다.

이 책이 만들어지기기까지 남편 이성호 목사와 많은 성도가 도움을 주었다. 이주익 권사님, 오윤경 집사님, 양명주 집사님, 그리고 손윤선 집사님 등은 직접 경험한 이야기를 좋은 글로 써주시기도 했고, 원고교정을 위해 읽어주기도 하셨다. 가나안 교회에서는 김요한 권사님께서 원고를 교정해 주셨다. 이 모든 분들의 도움에 심심한 감사를 드린다.

지금까지 인도해 주신 하나님께 감사와 찬양을 돌리며, 화해와 평화의 사도 바울의 말씀을 평생 좌우명 삼아 살아가기를 기도한다.

그런즉 누구든지 그리스도 안에 있으면 새로운 피조물이라 이전 것은 지나갔으니 보라 새 것이 되었도다 모든 것이 하나님께로서 났으며 그가 그리스도로 말미암아 우리를 자기와 화목하게 하시고 또 우리에게 **화목하게 하는 직분**을 주셨으니 곧 하나님께서 그리스도 안에 계시사 세상을 자기와 화목하게 하시며 그들의 죄를 그들에게 돌리지 아니하시고 **화목하게 하는 말씀**을 우리에게 부탁하셨느니라 (고린도후서 5:17-19).

마리나에서

홍혜성 목사
2009년 2월

이 책에 대하여

이 책은 4부로 구성되어 있다. 제1부의 내용은 갈등에 대한 성경적 시각이다. 갈등을 늘 부정적으로만 보던 시각을 바꾸어 갈등의 긍정적 기능을 함께 볼 수 있도록 강조하고 있다 (제1과).

제2부의 내용은 갈등관계를 풀어가는 여러 가지 구체적인 방법들에 관한 것이다 (제2과-제8과). 갈등이 일어날 때 그 갈등에 **대응하는** 실용적인 방법을 한 눈에 볼 수 있도록 정리해 주고 있다. 여기에서 성경이 권고하는 여섯 가지 갈등대응방법을 배울 수 있게 된다. 12가지의 갈등대응방법의 기본틀은 **평화를 만드는 사역**(Peace-making Ministries)이라는 단체를 창시한 켄 샌드의 책 **평화를 만드는 자**라고 하는 책에서 배운 것이다.[1]

그러나 필자는 나름대로의 성경연구와 교회사역의 경험에서 얻은 지혜를 정리하여 켄 샌드의 책 대부분의 내용을 다시 정리했다. 켄 샌드의 접근방법 중 **타협**과 **조정**은 성경적으로 널리 뒷받침되어 있다기보다는 법정사회에서 사용되고 있는 방법이라는 생각이 들었기 때문이다. 아마 이것은 켄 샌드와 함께 평화사역을 시작한 대부분의 사람들이 변호사 출신들이었기 때문일 것이다. 필자는 **타협**과 **조정** 대신에 **감정분리**와 **회복의 사역**으로 대치하였다. 그 이유는 우리가 성경에서 **감정분리**와 **회복의 사역**의 예를 많이 찾아볼 수 있고, 오늘날 우리의 삶 속에서 자주 사용하고 있기 때문이다.

제3부의 내용은 갈등과 화해의 **구조**에 관한 것이다 (제9과-제13과). 모든 갈등과 화해의 내면을 들여다보면 **요인**과 **촉진제**와 **증상**이라는 세 개의 층으로 이루어져 있다. 이 구조를 이해하고 개개의 갈등을 분석하면서 그 갈등에 맞는 대응방법을 사용해야 한다.

제4부의 내용은 **대화법**과 **감정조절**에 관한 것이다 (제14과-16과). 대화법은 모든 갈등대응 단계에서 늘 핵심적 역할을 하고 있다. 즉 성경적 갈등대응법을 사용한다고 해도 대화법을 얼마나 잘 사용하고 있느냐에 따라서 결과는 전혀 다르게 나올 수 있게 되는 것이다. 이것은 화가 날 때 어떻게 대화할 것인가 하는 문제도 포함하고 있다.

마지막으로 생각해 보는 것은 **용서**에 관한 문제이다 (제17과-제18과). 용서야말로 갈등의 크기나 정도에 상관없이 늘 필요한 신앙적 실천이다.

---

[1] Ken Sande, *The Peace Maker: A Biblical Guide to Resolving Personal Conflict*, 3rd ed. Grand Rapids, MI: Baker Books, 2004.

용서에 대한 바른 이해를 가지고 적절하게 실행하는 것이야말로 모든 관계사역에 있어서 열쇠가 된다.

지금까지 이 책의 내용을 네 가지로 정리해 보았다. 이제는 이 책의 사용에 대해 몇 가지 짚어 보도록 하겠다. 이 책은 교회에서 소그룹 성경공부나 속회, 혹은 임원을 훈련하기 위한 교육용으로 사용하면 매우 효과적일 것이다. 그러나 이 책을 사용할 때에 생각해 두어야 할 가장 중요한 것은 이 내용을 배워서 **교회에 덕**을 세우고, **깨어진 관계를 회복**하기 위한 목적이지, 그렇지 않고 배운 내용을 이용하여 다른 사람들을 비판하고 공격하는 데 쓴다면 결국 교회에 문제를 일으키게 된다. 이것이야말로 가장 위험하고 슬픈 일이 될 것이다.

교회에 덕을 세우기 위해서는 우리가 배운 것들을 다른 사람에게 적용하는 것이 아니라, **나**에게 적용해야 한다. 내가 바꾸어야 할 점은 무엇인가? 내가 그동안 몰라서 잘못 행했던 것은 무엇인가? 건강한 관계를 만들기 위해 내가 할 수 있는 일은 무엇인가? 늘 **나 자신**에게 물어보고 나를 변화시키는 데에 최선을 다해야 한다.

이 책을 사용하는 가장 좋은 시기가 있다. 바로 공동체 내에 별 심각한 갈등이 없을 때이다. 서로간에 관계가 좋을 때에 함께 배워야 깊이 있게 배울 수 있게 된다. 심각한 갈등이 있는 사람들은 이러한 배움을 매우 짐스러워 한다. 모든 내용들을 나에게 적용하기보다는 반대자들에게 돌려 적용하려고 한다. 이 책이 제시하는 내용들을 배우려는 자세가 없기 때문에 별로 효과가 없는 공부가 되는 것이다.

자동차 운전을 하는 사람이 우선 운전을 먼저 하다가 사고가 날 때마다 매뉴얼과 교통법규를 읽어 본다면, 아무 도움이 되지 않을 것이다. 특히 큰 사고가 났을 때에 무엇을 배운다면 더욱 도움이 되지 않을 것이다. 우리는 모두 관계의 운전을 하며 살고 있다. 어떻게 운전을 해야 하는지 잘 배우고, 길에 대해서도 배우고, 지도에 대해서도 연구한 다음에 운전을 해야 할 것이다. 바로 이것을 위해 위기가 닥치기 전에 함께 사랑과 진리의 관계를 운전하는 법에 대해 잘 배워야 한다. 이러한 목적을 위해 이 책이 쓰여졌다.

제1 과
하나님도 갈등이?
갈등관계에 대한 성경적 시각

교회에 열심히 다니던 어떤 집사님이 어느 날부터인가 뜸하게 교회에 나오더니 마침내 발길을 끊고 말았다. 친구가 찾아가 물어보니 다음과 같이 대답했다고 한다:

> 집 안에 여러 가지 갈등이 많이 생기다 보니 교회 사람들이 자꾸 이상하게 쳐다보는 것 같아 더 이상 교회를 나갈 수 없었습니다.

참으로 가슴 아픈 일이다. 갈등이 많은 것만으로도 감당하기 벅찬 일인데, 그것 때문에 믿었던 사람들로부터 손가락질을 당한다면 얼마나 큰 상처를 받게 될까? 우리는 갈등이 많은 사람들을 보고 이러쿵저러쿵 쉽게 판단할 때가 있다. 그들은 죄를 많이 지었기에 벌을 받고 있다고 말하기도 하고, 인격이 모자라 그렇다고 말하기도 한다. 갈등이 많다는 것이 결코 좋은 일은 아니지만, 갈등이 많다는 것 자체가 그 사람의 인격이나 성품 때문이라고 말할 수는 없다.

성경에 나오는 많은 위대한 선조들이 여러 가지 갈등 속에서 살았다. 그러나 우리는 그들의 인격이 다른 사람들보다 모자라 그렇게 갈등 속에 살았다고 말할 수 없을 것이다. 만일 그렇다면 많은 갈등 가운데 사셨던 예수님에 대해서는 무엇이라고 말할 것인가? 예수님의 인격과 성품에 문제가 많아서 그렇다고 말할 수 있겠는가? 절대로 그렇게 말할 수 없는 것이다. 그렇다면 갈등에 대한 우리의 시각이 잘못된 것은 아닐까? 우리는 이제 "갈등"에 대해 바른 성경적 시각을 갖도록 해야 한다. 그것을 위해 갈등에 대한 정의를 알아보고, 갈등에 대한 성경적 이해를 살펴보기로 하자.

갈등에 대한 정의

갈등이란 **사람들간의 생각과 입장과 목적이 달라서 인간관계에서 생기는 위기상황**이다. 사람은 모두 다르기 때문에 각자의 생각과 입장과 목적이 늘 다를 수가 있다. 즉 갈등의 요인은 항상 있는 것이다. 그런데 서로간의 다른 생각과 입장과 목적의 차이를 어떻게 다루느냐에 따라서 인간관계가 위태롭게 될 수도 있고, 반대로 오히려 더 가까워질 수도 있다. 그러므로 갈등이란 우리 주위에 언제나 상존하고 있는 차이점들이 여러 이유로 악화되어 관계를 위협하는 것이다.

성경은 갈등에 대해 무엇이라고 말하는가?

성경은 갈등 자체에 대해 한 마디로 좋다 나쁘다고 말하지 않는다. 성경은 갈등이 누구에게나 있으며, 갈등을 갖고 있다는 것은 지극히 정상적인 것이라고 말하고 있다. 단지 각 개인이나 공동체가 갈등에 대해 어떻게 대응하느냐에 따라 파괴적인 결과를 가져올 수도 있고 건설적인 결과를 가져올 수도 있다고 말한다. 갈등에 대한 성경적 이해는 다음과 같이 세 가지로 요약해서 말할 수 있다.

• 갈등은 정상적인 것이다.

성경에 보면 하나님도 예수님도, 관계 속에 사는 모든 사람들이 갈등 속에 있음을 알 수 있다 (자세한 예들은 아래에서 잘 정리하고 있다). 즉 성경은 인간이 갈등 속에서 산다는 것이 지극히 정상적인 것이라고 말하고 있는 것이다. 인간이 관계 속에서 살고 있는 한 언제나 갈등과 더불어 살게 되며, 이것은 성경 속에 있는 사람들이나 우리나 모두가 공통으로 겪는 피할 수 없는 현실이다.

• 갈등은 파괴적일 수 있다.

갈등을 대처하지 못하면, 생명과 관계가 파괴되는 결과를 일으킨다. 사무엘상에 기록된 엘리 제사장의 두 아들은 많은 죄를 지어 하나님과 백성들을 경악케 하였다. 그들은 고기제물을 태우기도 전에 내놓으라 요구했고 (사무엘상 2:15-17), "회막 문에서 수종 드는 여인들과 동침"하기도 했다 (2:22). 그러나 그들의 아버지는 그들을 단 한 번만 야단치는 것에서 그치고 더 이상 조처를 취하지 않았다 (2:23-25). 그러자 하나님은 거듭 그에게 경고하셨다 (2:27-36). 하나님은 어린 사무엘을 통해서 "내가 그의 집을 영원토록 심판하겠다고 그에게 말한 것은 *그가 아는 죄악 때문이니 이는 그가 자기 아들들이 저주를 자청하되 금하지 아니하였음이니라*" (3:13) 하는 마지막 경고를 전달하였다. 엘리가 이 문제에 대해 진지하게 대처하지 않자 결국 온 가족이 전멸하는 최후를 맞게 되었다 (4:11-18).

아버지가 갈등을 무시하고 적절한 조처를 취하지 않자 결국 엘리 제사장 집안 모두가 파멸에 이를 뿐 아니라 온 공동체가 어려움을 겪게 된 것이다.

그뿐 아니라, 갈등을 자신의 이기적인 욕심이나 악한 목적을 위해 이용할 때도 그 결과는 파괴를 가져온다. 바울이 갈라디아인들과 떨어져서 관계가 약화되었을 때 할례당이 갈라디아인들을 찾아와 거짓된 복음을 가지고 유혹했다. 할례당은 바울이 전한 복음은 참된 복음이 아니라고 거짓말하며, 그들의 마음을 흔들어 놓았다. 갈라디아 교인들과 바울 사이를 이간질하였던 것이다. 결국 교인들을 꼬여 자기들 편을 만들려고 했는데, 바울이 그것을 알고 교인들에게 아래와 같이 경고하였다.

> 그들이 너희에게 대하여 열심 내는 것은 좋은 뜻이 아니요
> 오직 너희를 이간시켜 너희로 그들에게 대하여
> 열심을 내게 하려 함이라 (갈라디아서 4:17).

할례당들은 불순한 동기로 갈등 상황을 이용했다. 이러한 행위는 인간관계뿐 아니라, 공동체를 파괴하는 결과를 가져오게 되는 것이다.

• 갈등은 건설적(constructive)일 수 있다.

갈등에는 부정적인 것도 있고, 아래와 같이 긍정적인 면도 있다.

◆ 갈등이 생겨나는 근본 **이슈**를 명확히 규정할 수 있는 기회가 된다.
◆ 갈등을 풀어가는 동안 **상대방**에 대해 더 잘 이해할 수 있게 된다.
◆ 갈등을 풀어가는 동안 내가 왜 그렇게 행동하고 반응했는지
　 나 자신에 대해 더 깊이 알 수 있게 된다.
◆ 갈등을 풀어가면서 **관계**를 회복하고, 미래의 건강한 관계 형성을
　 위해 더 좋은 방법을 찾아낼 수 있다.

갈등을 풀어가면서 더 건강한 공동체가 되는 가장 대표적인 예는 초대교회에서 발견할 수 있다. 교회 내에 "제자들이 많아졌는데" 사역을 잘 감당할 조직적인 체계가 잘 잡혀 있지 않아서 헬라파 과부들에게 전달되어야할 구제품들이 소홀하게 되었다 (사도행전 6:1). 갈등의 조짐이 일기 시작한 것이다. 그러자 사도들은 전체회의를 열고 자신들의 책임을 소홀히 한 것을 사과하고 (사도행전 6:2), 일곱 집사를 선출하게 하여 조직을 체계화시켰다 (사도행전 6:5-6). 이렇게 갈등을 잘 대응하고 나니 교회가 점점 능력을 얻고 좋은 평판을 얻게 되어 유대교의 제사장들까지 기독교인이 되는 결과가 나타났다 (사도행전 6:7).

하나님도 사람들 때문에 갈등이 있어요!

*"모세가 길을 가다가 숙소에 있을 때에 여호와께서 그를 만나사
그를 죽이려 하신지라"*(출애굽기 4:24).

하나님께서 모세를 죽이려 하셨다는 말씀이 성경에 쓰여 있다는 사실이 참으로 충격적이다. 어쩌다가 이러한 상황에까지 이르게 되었는가? 본문을 자세히 살펴보면 하나님이 모세에게 원하는 것이 있는데, 모세가 그것을 거절했기 때문에 하나님을 화나게 만들었음을 알 수 있다.

하나님은 모세에게 이스라엘 백성을 애굽으로부터 인도해 내라고 말씀하셨다 (출애굽기 3:5-10). 그러나 모세는 네 번씩이나 이유를 대면서 그럴 수 없다고 거절하였다 (출애굽기 3:11; 4:1, 10, 13). 그러자 하나님은 "모세를 향하여 노하여" 모세의 형 아론을 붙여 주셨다 (출애굽기 4:14). 모세는 어쩔 수 없이 애굽으로 떠나기로 했지만, 아직도 사명감 없이 몸만 움직이고 있었다. 그것은 장인 이드로에게 "내가 애굽에 있는 내 형제들에게로 돌아가서 그들이 생존하였는지 보려하오니"라고 말하는 것으로 보아 알 수 있다 (출애굽기 4:18). 하나님은 모세가 해야 할 일을 일러 주셨으나 묵묵부답이었고, 그는 여전히 그 사명을 받겠다고 응답하지 않고, 몸만 기계처럼 움직이고 있었다. 이러한 태도가 하나님을 화나게 만들었고 급기야 하나님은 분노하셔서 그를 죽이려고 하셨던 것이다. 이 위기는 모세의 부인 십보라가 그의 아들에게 할례를 행하여 하나님에 대한 결단을 간접적으로 보여주었을 때에 넘어갈 수 있었다. 하나님은 모세와 갈등이 있으셨고, 성경은 그 사실을 감추지 않고 있다.

하나님과 모세 사이의 갈등은 하나님의 많은 갈등 가운데 하나일 뿐이다. 하나님은 인간과 관계를 맺기 시작할 때부터 계속 갈등을 겪어오셨다. 아담과 하와의 불순종, 가인의 반항, 죄악으로 가득한 노아시대의 인류 (창세기 6:5-7), 바벨탑을 쌓은 자들의 반항, 출애굽 백성들의 불신앙과 배반, 사사시대의 패역한 자들, 역대 왕들의 우상숭배 등에서 우리는 하나님이 인간과의 관계에서 많은 갈등을 가지고 계셨음을 알 수 있다.

◆ 생각을 돕는 질문:
하나님에게도 갈등이 있었음을 보여주는 성경구절을 성도님이 아시는 대로 적어 보세요.

예수님의 갈등

"예수께서 돌이키시며 베드로에게 이르시되
사탄아 내 뒤로 물러 가라
너는 나를 넘어지게 하는 자로다" (마태복음 16:23).

예수님은 어떻게 베드로에게 **사탄**이라는 무서운 말을 쓰셨을까? 예수님은 원수도 사랑하라고 가르친 분이 아니신가? 이 짧은 이야기는 예수님도 하나님처럼 인간들과 갈등 속에서 살고 계셨음을 잘 보여주고 있다.

예수님과 갈등이 가장 많았던 사람들은 그 당시의 종교 지도자들이었다. 예수님은 종교 지도자들의 사랑 없는 삶의 태도와 경직된 신앙양식을 도전하셨다. 기도하는 성전을 시장바닥으로 전락시키고, 금전적 이익을 챙기던 대제사장들과 서기관들에게 도전하며, 상인들을 내쫓으셨다. 종교 지도자들은 자기들의 지위를 도전하는 예수님을 죽여서 처치하려고 모의했다 (누가복음 19:45-48).

예수님은 일반 백성들과도 많은 갈등이 있으셨다. 그 이유는 백성들이 예수님이 누구이신지를 오해했기 때문이었다. 예수님이 오병이어의 기적을 베푸는 것을 보고 백성들은 그를 왕으로 삼으려고 했다. 그러나 예수님은 조용히 그 자리를 피하셨다 (요한복음 6:15). 고라신과 벳새다와 같은 마을 주민들은 예수님이 가장 많은 기적을 베푸셨음에도 불구하고 그를 믿지 않았다 (마태복음 11:20-24). 이처럼 예수님을 이해하지 못하고 믿지 않는 일반 백성들과의 갈등 역시 예수님의 생애 속에서 끊임없이 계속되었다.

예수님이 손수 택하신 제자들도 삼 년간 예수님과 가깝게 지냈지만, 예수님을 잘 이해하지 못했다. 제자들은 그를 믿지도 못했고, 따르지도 못했다 (마태복음 26:40-41; 누가복음 9:37-41). 유다는 예수님을 팔아 넘겼으며 (마태복음 26:21-25), 예수께서 체포되었을 때 제자들은 죽음을 두려워하여 그를 버리고 떠났다 (마태복음 26:31-35, 56, 69-75; 마가복음 14:50-51). 이러한 배신도 예수님의 마음을 아프게 하였을 것이다.

◈ 생각을 돕는 질문:
예수님에게도 갈등이 있었음을 보여주는 성경구절을 성도님이 아시는 대로 적어 보세요.

✄ 제 1 과의 핵심내용 ✄

1. 갈등의 정의: 갈등이란 **사람들간의 생각과 입장과 목적 등이 달라서 인간관계에서 생기는 위기상황**이다.
   성경적 갈등 이해: 갈등은 정상적이다. 갈등은 파괴적일 수 있다. 갈등은 건설적일 수 있다.
2. 하나님과 예수님도 인간들 때문에 많은 갈등을 겪으셨다.

✄ 핵심 성경구절 ✄

창세기 6:5-7

묵상과 대화를 위한 질문

1. 하나님과 예수님도 우리처럼 갈등이 있으셨다는 것을 들었을 때에 당신은 어떠한 생각이 들었습니까?
2. 하나님과 사람 사이의 갈등에는 어떠한 차이가 있을까요?
3. 각자의 경험에서 얻은 갈등을 풀어가는 지혜를 간단히 나누어 보세요.

4. 다음의 이야기를 읽고 대화를 나누어 보십시오.

   미국에 이민 온 H부부는 세탁소에서 열심히 일하며 집을 장만하였다. 아이도 둘을 낳아 건강하게 잘 키우고 있었고, 교회도 열심히 봉사하였다. 그런데 어느 날 초등학교에 다니던 큰 아이가 학교에서 쓰러지더니 병명도 알 수 없는 채 하늘나라로 가고 말았다. 너무나도 큰 충격을 받은 부부는 그 아픔에서 헤어나지 못한 채 살아갔다. 교회식구들의 정성어린 보살핌과 위로도 별로 도움이 되지 못했다. 둘째 아이를 위해 정신을 차리고 세탁소를 계속 꾸려가지만 교회로부터 자꾸 멀어져만 갔다. 그들에게는 하나님이 첫 아이를 데려가신 것이 이해가 되지 않았고, 용납할 수가 없었다. 그들은 하나님과 깊은 갈등 속에 빠지게 되었다.

   i.   H 부부의 이야기에서 공감할 수 있는 부분은 무엇입니까?
   ii. 각자가 H 부부라면 교회식구들이 어떻게 해주길 바랄까요?

제 2 과
도망이냐? 공격이냐?
갈등관계 대응법을 한 눈에 보기

갈등이 생길 때 우리 각자는 구체적으로 어떠한 방법으로 대응하고 있는지 알고 있는가? 내가 취하는 방법이 과연 건강한 방법인가?

K씨는 부모가 이혼한 것 때문에 늘 불행했다. 그래서 자신은 절대로 이혼하지 않겠다고 결심했다. 결혼초 아내는 언제나 행복했었는데 언제부터인가 이것저것 자기가 원하는 것을 맘대로 요구하기 시작했다. 갈등을 무조건 피해야 한다고 생각한 K씨는 아내의 말을 무조건 들어주었다. 그러자 아내는 점점 더 모든 일을 통제하게 되었다. K씨는 가슴이 답답해지는 증상이 생겼고, 점점 집에 들어가기가 싫어졌다. 남편의 이러한 속사정도 모르고 아내는 이래라저래라 더 요구가 심해지기만 했다.

이제 남편은 무엇을 어떻게 해야 할지 몰라서 깊은 고민에 빠지게 되었다. 이혼은 절대로 할 수 없고, 그렇다고 아내를 더 이상 사랑할 수도 없게 된 것이다. 남편은 둘 사이에 엄연한 갈등이 있음에도 불구하고 오직 즉 그 갈등을 부정하고 도망치는 한 가지 방법만 취했다. 남편이나 아내에게 좀 더 건강한 방법이 있다는 것을 깨닫고 시도하지 않는다면 그들에게 희망이 없어 보이기만 했다.

우리는 우리가 무의식적으로 취하는 갈등대응방법이 무엇인지 깨달아야 한다. 그리고 그 방법의 장단점을 인식해야 한다. 또한 그 외에 다른 방법들도 있다는 것을 배워 알아두어야 한다.

갈등을 대응하는 방법은 크게 세 가지로 나누어 구분할 수 있다. 첫째 방법은 갈등으로부터 도망치는 방법이다. 둘째 방법은 갈등 상황에 공격의 태세를 취하고 폭력적으로 접근하는 방법이다. 이 두 가지 방법은 모두 파괴적인 결과를 가져오게 된다. 셋째 방법은 갈등이 생길 때에 도망치지도 않고, 폭력을 사용하지도 않으며, 당사자들간에 여러 가지 대화법을 사용하여 풀어나가는 방법이다. 이 세 번째 방법이야 말로 성경에서 일관성 있게 권고하고 있는 방법이다. 이제 세 가지 접근방법에 관해 자세하게 알아보도록 하자.

갈등으로부터 도망치는 대응법

갈등으로부터 도망치는 대응법을 구체적으로 **부정** (Denial)과 **도망** (Flight)과 **자살**(Suicide)로 정리해 볼 수 있다.

부정이란 갈등이 엄연히 존재하고 있음에도 불구하고 그 갈등이 없는 것처럼 무시하는 태도를 말한다. 이것은 교회 내에서 중직을 맡고 있는 두 사람간에 사적인 일로 갈등이 시작되고 있는데, 주위 사람들과 교역자들이 개인적인 일이니 그냥 두고만 보면서 시간이 지나면 저절로 해결될 것이라고 믿는 상황에 비유할 수 있다.

이것은 마치 큰 홍수가 나서 집이 위험함에도 불구하고 식구들에게 아직은 물이 별로 차지 않아 위험하지 않으니 그냥 집에 가만히 있으라고 말하는 것과 같다. 그러나 정신이 건강한 사람이라면, 홍수가 얼마나 위험한 것인지, 그 파괴력이 얼마나 큰 것인지 알아보고 상황에 적절히 대응하는 자세를 취할 것이다. **부정**하는 사람들을 보면 갈등관계를 잘 대처할 용기와 자신이 없거나, 자존심이 너무 커서 문제를 과소평가하는 경우에 해당한다. 그러나 **부정**이 오래 가면 갈등의 원인을 잘 파악할 수 없게 되고, 시간이 지나감에 따라, 점점 갈등이 깊어지게 된다. **부정**의 구체적인 예는 제2과에서 본 것처럼 엘리 제사장의 이야기를 들 수 있다. 그는 두 아들의 죄악을 그냥 넘어가는 자세로 일관하다가 결국 온 가족이 파멸에 이르는 결과를 당하게 된 것이다 (사무엘상 2-4장).

도망이란 갈등을 **부정**하다가 그 골이 깊어지고 관계가 악화되니까 더 이상 감당할 수 없어 달아나는 태도이다. **도망**치는 사람들은 아무런 문제도 해결하지 못하고, 무책임한 자신에게 실망하고 자신을 수치스럽게 생각하게 된다. 야곱은 형 에서를 속여 장자의 축복을 갈아 채고 (창세기 27:1-29), 그 갈등이 심화되자 결국 멀리 삼촌 라반의 집으로 **도망**치게 되었다 (창세기 27:42-28:5). 그러나 그 삼촌 집에서 야곱은 도망자라는 약점에 잡혀 삼촌에게 계속 착취를 당하였으며, 결혼 문제도 속임수에 넘어가 부인을 두 번이나 그것도 자매를 얻게 되는 운명에 처하게 되었다 (창세기 29장). 삼촌과의 계속되는 갈등에 야곱은 다시 한 번 고향으로 가족들을 데리고 밤중에 **도망**쳤다 (창세기 31장). 야곱은 형 에서와의 갈등에서도 **도망**쳤고, 삼촌 라반과의 갈등에서도 **도망**친 것이다. 첫 번째 **도망**쳤을 때, 그는 억압을 받으며 살 수밖에 없었고, 이것은 결국 두 번째로 **도망**치게 되는 결과로 이어지게 되었다. 그러나 야곱은 두 번째 도주 중에 하나님과 심각한 대면을 하는 경험을 하였고 (창세기 32:24-32), 고향으로 찾아가 드디어 형 에서와 화해할 수 있었다 (창세기 33장). 즉 갈등의 요인이 되었던 핵심대상을 정면으로 만남으로써 마침내 해결의 실마리를 찾게 된 것이다. 우리는 언제까지 **도망**치면서 다닐 수는 없다. **도망**치는 동안에 문제의 핵심은 늘 우리를 쫓아 다니게 되어 있다.

자살은 **도망**치다가 더 이상 갈 곳이 없다고 생각하는 사람들이 택하는 방법이다. **도망**쳤더라도 잘못을 깨닫고 자기의 책임을 지겠다고 나서면 그 때부터 문제는 해결되게 되어 있다. 그러나 무참하게 짓밟힌 자존심을 건지겠다고 자살로써 문제를 끝내 보려고 하는 태도는 가장 파괴적인 결과를 가져오게 되는 것이다. 성경은 **살인하지 말라**는 십계명으로 자살을 금하고 있다 (출애굽기 20:13). 자살은 하나님께 속한 생명을 자기의 손으로 끝내 버리는 살인 행위인 것이다. 그들이 자살할 수밖에 없는 상황은 여러 가지이다. 고통이 너무 심해서, 혹은 너무 억울해서, 혹은 원수를 갚아야 하겠다는 생각에서 자살을 선택하게 된다. 그러나 이러한 이유로도 생명을 주신 하나님께 도전하는 행위가 정당화 될 수는 없다. 사울은 전쟁에서 부상 후 칼에 스스로 엎드려 자살했다 (사무엘상 31:4). 그는 포로로 잡혀 온갖 수치를 당하는 대신 스스로 죽는 길을 택한 것이다. 유다는 예수님을 판 후 양심에 가책을 받아 돈을 돌려준 후 자살했다 (마태복음 27:1-5). 유다는 계속 살아서 자기가 저지른 일의 결과들을 대할 용기가 없었던 것이다.

공격적으로 갈등을 대응하는 방법들

갈등으로부터 도주하는 대신 공격적으로 대응하는 방법들이 있다. 이러한 방법에는 **소송**(Litigation)과 **폭력**(Assault)과 **살인**(Murder)을 들 수 있다.

소송은 성경이 권하지 않는 갈등해소방법 중에 하나이다. "너희 중에 누가 다른 이와 더불어 다툼이 있는데 *구태여 불의한 자들 앞에서 고발하고 성도 앞에서 하지 아니하느냐*" (고린도전서 6:1). 이 구절에서 보는 것처럼 성경은 기독교인들간의 소송을 간곡하게 말리고 있다. 그것은 성도들이라면 그리스도의 권위와 성령의 법에 순종함으로써 서로를 용서하고 이익을 양보하면서 서로간에 갈등을 해결할 수 있다고 보기 때문이다. 그러한 삶을 사는 것만이 하나님의 사랑과 그리스도 복음의 능력을 세상에 증거하는 길이다. 그럼에도 불구하고 기독교인들에게 소송이 최선의 방법이 될 경우가 있다. 그것은 다음과 같은 두 가지 경우이다. (1) 대화로 풀 수 있는 모든 방법들(직접대화, 중재, 감정적 분리, 교회법)을 다 써 본 후에 그래도 문제가 해결되지 않으면 최후로 선택할 수 있다. (2) 정의구현과 같은 하나님 나라의 비전을 이 땅에 심기 위해 법정을 사용하는 경우이다. 노예, 노동자 등 약자의 인권을 보장해 주는 법률적 소송과 같은 경우를 들 수 있다. 혹은 바울이 왕들에게 복음을 전할 사명 때문에 가이사에게 소송을 호소한 경우(사도행전 9:15; 25:10-12)도 여기에 해당된다고 하겠다. 따라서 우리는 소송을 걸기 전 다음과 같은 질문을 진지하게 던져야 한다:

(1) 나는 대화로 할 수 있는 모든 방법을 다 썼는가?
   (마태복음 18:15-18; 고린도전서 6:1-7)
(2) 내가 소송을 거는 진정한 이유/동기는 무엇인가? 그것이 원수 갚기나 재산에 대한 욕심 때문이라면 혹시라도 하나님의 영광을 가리지는 않겠는가?
   (마태복음 5:38-48; 7:1-5; 누가복음 12:57-59; 사도행전 5:17-18).
(3) 나의 소송 때문에 누군가가 실족하는 일은 없겠는가?
   (마태복음 18:1-6; 로마서 14:13; 디모데전서 5:8).

폭행은 갈등관계에 있는 상대에게 물질적으로나, 육체적으로나, 언어적으로나, 명예적으로 공격을 가함으로써, 자기의 옳음(승리)을 증명하거나, 손해를 보상받으려는 행위이다. 성경은 이러한 방법을 금하고 있다. 예수님은 자기의 제자가 칼 쓰는 것을 야단치셨으며 (마태복음 26:51-52), 본인도 천군 천사의 군대로 로마대군과 싸워 이길 수 있음에도 불구하고, 전쟁을 피하고, 십자가의 길을 택하셨다 (마태복음 26:53-54). 예수님은 또한 형제자매에게 욕하는 것을 금하셨고 (마태복음 5:22), 자기에게 주어진 힘(권세)을 오용하는 자들을 야단치셨다 (마태복음 23:33-36; 누가복음 11:46).

살인은 갈등이 극대화되고, 더 이상 법적으로나, 폭력적인 방법으로 상대방을 이길 수 없을 때 시도하는 방법이다. 이것은 자살과 함께 가장 비성서적인 방법으로써 성경은 **살인하지 말라**(출애굽기 20:13)고 명령한다. 최초의 살인은 가인과 아벨 두 형제간에 일어났으며 (창세기 4:8), 다윗은 자신의 간음죄를 감추기 위해 여인의 남편을 간접 살해하였다 (사무엘하 11:15).

평화를 만들어가는 갈등대응방법들

갈등 상황 속에서 건설적인 결과를 가져오는 방법들이 있다. 이것들은 어느 누구도 낙오하지 않고 모두 살아남는 길이다. 하나님은 구원 받은 성도들이 이러한 방법을 택함으로써 이 땅에서 평화를 만들어가기를 원하신다. 예수님은 팔복을 말씀하면서 일곱 번째 복을 다음과 같이 말씀하셨다:

화평하게 하는 자는 복이 있나니 그들이 하나님의 아들[자녀]이라 일컬음을 받을 것임이요 (마태복음 5:9).

평화를 만드는 자는 복을 받게 된다. 세상 사람들이 **평화를 만들 줄 아는 저 사람들이야말로 진실로 하나님의 아들이요 딸이다** 라고 칭찬을 한다는 것이다. 이러한 칭찬을 받는 사람은 교회의 위상을 올리고 궁극적으로는 하나님의 이름을 높이게 된다. 따라서 이들이 받는 복은 이 세상 모두가 함께 받는 복이 된다. 그 반대로 우리 성도들이 평화를 만들 줄 모를 때에는 설사 개인적으로는 구원을 받는다고 하더라도 교회 밖의 세상에 긍정적인 영향을 끼치지 못하게 된다.

주님은 우리가 평화를 만들어가며 살 수 있는 여섯 가지 방법을 성경을 통해 제시해 주셨다. 그 방법들을 단계별로 살펴보면 다음과 같다: **넘어가기** (Overlooking), **직접대화** (Direct Dialogue), **중재대화** (Mediation), **감정분리** (Emotional Separation), **교회법** (Discipline), 그리고 **회복의 사역** (Restoration) 등이다. 이 여섯 가지 방법에 대해서는 앞으로 자세히 연구할 것이기에, 여기서는 각 방법에 대한 간단한 정의만 내리도록 하겠다.

넘어가기는 상대방의 작은 실수를 혼자서 조용히 용서해 주는 방법이다. 이것은 상대방과의 사이에 벽이 생기지 않을 때 사용할 수 있는 방법이다. 벽이 생기기 시작하면 직접대화를 시도해야 한다 (이 방법에 대한 자세한 내용은 제3과를 참고하라).

직접대화는 당사자들간에 직접 대화하는 것으로 관계회복을 위해 가장 기본적이고 필수적인 방법이다. 직접대화를 성공적으로 이끌기 위해서는 대화방법을 연구하고 사랑하는 마음으로 접근하는 것이 필요하다 (이 방법에 대한 자세한 내용은 제3과를 참고하라).

중재대화는 당사자들간의 **직접대화**로 갈등을 풀 수 없을 때 제3자의 도움으로 대화를 계속하게 하는 방법이다. 성경에서는 중재대화를 많이 찾아볼 수 있다. 하나님께서는 인류와의 관계회복을 위해 그리스도 예수를 중재자로 내세워 대화(말씀)를 계속하셨다 (디모데전서 2:5). 예수님은 초대교회와 사울간에 심각한 갈등이 있을 때 중재대화를 시도하셔서 둘 사이에 화해를 가져오셨다 (사도행전 9장 이후). (이 방법에 대해서는 제4과와 제5과를 참고하라).

감정분리는 **직접대화**와 **중재대화** 등을 통해 관계회복을 이루려고 최선을 다했음에도 불구하고 성공하지 못했을 때에 갈등 상황으로부터 스스로를 *감정적*으로 *분리*할 것을 의지적으로 선택하는 것이다. 관계회복을 위해 계속 기도하며 인내하지만, 한편으로는 자신의 삶의 긍정적 목표에 초점을 맞추고 건강하게 살아가는 방법을 말한다 (이 방법에 대한 자세한 내용은 제6과를 참고하라).

교회법이란 대화를 통해 해결점을 찾는 것이 불가능한 상황에서 가해자의 잘못된 행동이 계속되고, 교회 내의 피해가 증가하며, 무질서해지고, 교회가 더 이상 구원공동체로서 제대로 기능할 수 없을 때 사용하는 방법이다. 즉 교회의 공적인 힘으로 그러한 행동에 제약을 가하는 것을 말한다. 교회법은 피해자를 보호하고 가해자에게 회개의 기회를 줄 수 있다. 피해자와 가해자를 동시에 사랑하여 교회로서의 진정한 모습을 유지하는 것이 가장 큰 목적이다 (이 방법에 대한 자세한 내용은 제7과를 참고하라).

회복의 사역이란 "교회의 말도 듣지 않는" 가해자들(마태복음 18:17)을 사랑과 인내로 다시 신실한 성도가 되도록 회복시키는 사역이다. 교회의 말도 듣지 않는 자를 포기하는 것이 아니라, 이들을 기본적으로 복음에 순종하지 않는 불신자들로서 생각하고 복음의 진리에 순종하도록 사랑으로 이끄는 노력을 하는 것이다. 하나님은 어떤 누구도 포기하지 아니하신다 (이 방법에 대한 자세한 내용은 제8과를 참고하라).

갈등대응 경사표

위에서 언급한 열두 가지 갈등대응방법들을 처음으로 명쾌하게 정리해 놓은 사람은 **평화를 만드는 사역들**(Peace-making Ministries)이라고 하는 모임을 창시한 켄 샌드(Ken Sande)였다. 켄 샌드는 변호사 출신으로서 법정에서 법적인 처리를 통해 인간관계의 화해를 가져올 수 없다는 한계에 좌절하였다. 그래서 예수님의 명령인 평화를 만드는 사역을 연구하기 시작한 것이다. 그래서 **평화를 만드는 자**라고 하는 책을 펴냈다.[1] 이 책에서는 갈등을 대응하는 열두 가지 방법을 정리하여 아래와 같은 경사표를 만들었다 (켄 샌드의 **평화를 만드는 자**의 pp 21-29를 보라).

갈등대응의 경사표 "Slippery Slope"
(켄 샌드가 만든 경사표를 필자가 수정함)

회피적 대응 Peace-faking "**나**"를 우선	평화적 대응 Peace-making "**우리**의 관계" 우선	공격적 대응 Peace-breaking "**너**의 처벌" 우선
▼ 부정 ▼ 도망 ▼ 자살	넘어가기 · 직접대화 · 중재대화 · 감정분리 · 교회법 · 회복의 사역	▼ 소송 ▼ 폭행 ▼ 살인

이 경사표는 켄 샌드의 경사표와 약간 차이가 난다. 그 이유는 필자가 원래의 경사표를 다음과 같이 조정하였기 때문이다. 켄 샌드의 경사표에는 **중재**와 **교회법** 사이에 **타협**과 **조정**이 있으나 **감정분리**를 대신 넣었다. 그 이유는 **타협**과 **조정**이 **중재**라고 하는 카테고리에 포함될 수 있으며, 성경에서는 **타협**과 **조정**이라는 개념보다는 **감정분리**가 더 많이 나타나 있기 때문이다. 그리고 **교회법** 다음에 **회복의 사역**을 더 첨가하였다. 갈등해결의 방법이 **교회법**에서 끝나지 않고 **회복의 사역**으로 계속 이어지는 것이 바로 성경적이기 때문이다.

경사표는 갈등을 대응하는 열두 가지 방법을 보여주고 있다. 왼쪽의 세 방법은 회피적 대응방법들(**부정, 도망, 자살**)이고, 오른쪽의 세 방법은 공격적 대응방법들(**소송, 폭행, 살인**)이다. 그리고 가운데 여섯 가지 방법이 쌍방간에 대화로 함께 살아남는 평화적 방법들이다. 이 여섯 가지 방법들은 모두 성경에서 권고하는 것으로서, 자신의 체면이나 자존심보다 상대방과의 관계를 더 귀하게 여기고 존중한다. 여기서는 **내**가 죽거나 **네**가 죽는 것 없이 **우리**가 함께 사는 방법들을 보여주고 있다. 따라서 진정한 평화만들기(Peace-making)가 이루어질 수 있는 것이다.

---

[1] Ken Sande, *The Peace Maker: A Biblical Guide to Resolving Personal Conflict*, 3rd ed. Grand Rapids, MI: Baker Books, 2004.

✄ 제 2과의 핵심내용 ✄

1. 회피적 방법에는 **부정, 도망, 자살**이 있고
   공격적으로 대응하는 방법에는 **소송, 폭행, 살인**이 있다.
2. 평화적 결과를 가져오는 갈등대응 방법에는 **넘어가기, 직접
   대화, 중재대화, 감정분리, 교회법, 회복의 사역** 등이 있다.

✄ 핵심 성경구절 ✄

화평하게 하는 자는 복이 있나니
그들이 하나님의 아들[자녀]이라 일컬음을 받을 것임이요
(마태복음 5:9).

묵상과 대화를 위한 질문

1. 여러분은 지금까지 갈등을 **회피하고 도망친** 경험이 있었습니까?
   그 결과는 어떻게 나타났습니까?

2. 여러분은 혹시 갈등 상황 속에서 상대방에게 **공격적인 방법**으로
   대응한 경험은 없었습니까? 그 결과는 어떻게 나타났습니까?

3. 여러분은 갈등이 생겼을 때에 회피하거나 공격적으로 대응하지
   않고 끝까지 진지한 대화로 대응한 경험이 있었습니까?
   그 결과는 어떻게 나타났습니까?

제 3 과
넘어가기와 직접대화

갈등을 대할 때 사람들이 흔히 가장 먼저 취하는 태도는 **넘어가 주는 것**(to overlook)이다. 조그만 갈등이 생길 때 우리는 그냥 쉽게 용서하고 별 말 없이 지나갈 때가 많다. 만일 부임하신 지 얼마 되지 않은 목사님이 사람들의 직분을 혼동하거나 심지어 이름을 바꿔 부를 때에 그 목사님의 실수를 그냥 넘어가 줄 수 있지 않을까? 속장님이 다른 사람들 생일은 잘 챙기면서 내 생일을 자꾸 잊어버리는데 그것도 그냥 넘어가 줄 수 있을까? 그런데 만일 새로 나온 교회 주소록에 내 남편 이름이 다른 여자 성도의 이름과 짝이 되어 잘못 나와 있다면 당신은 어떻게 반응을 보일 것인가? 과연 이것도 그냥 넘어가 줄 수 있을까?

교회에서 사람들은 성도이기 때문에 어떠한 상황 속에서든지 남의 잘못을 무조건 그냥 넘어가 주어야 한다고 생각하는 경향이 있다. 그러나 언제까지 그냥 넘어가 주어야 하는 것인가? 또 무조건적으로 모든 상황에서 그냥 넘어가 주는 것이 과연 공동체를 위해서 잘하는 일일까? 성경은 이러한 문제에 대해 어떻게 말하고 있는지 알아보고 갈등에 대한 바른 대응을 알아보자.

성경은 그냥 넘어가 주는 것에 대해 무엇이라고 말하는가?

성경은 **넘어가 주는 것**(to overlook)에 대해 무엇이라고 말하는가? 성경은 조그만 갈등이 있을 때 **서로 넘어가 주라**고 말한다. 성경은 하나님께서 사람들이 하나님과 예수님에 대해 몰랐을 때에 행했던 허물들을 **그냥 넘어가 주셨다**고 말한다:

> 알지 못하던 시대에는 하나님이 *간과하셨거니와*
> *[허물치 아니하셨거니와, overlooked]* 이제는 어디든지 사람에게
> 다 명하사 회개하라 하셨으니 (사도행전 17:30).

예수님도 당신을 오해하고 배척하는 사람들에 대해 일일이 반박하거나 같이 배척하지 않고 그냥 넘어가 주는 경우가 있으셨다. 예수님이

고향에 돌아가 말씀을 전하셨는데 고향 사람들은 그의 말씀을 받아들이지 않고 배척하였으나 이에 대해 별 다른 반응을 하지 않고 그냥 넘어가 주셨다 (마태복음 13:55-58 참조). 예수님은 고향 사람들에게 화를 내서 따지거나, 그들을 버리지도 않으셨다. 단지 그냥 넘어가 주고 그들이 나중에 돌아올 때를 기다리셨다.

그러면 언제까지 넘어가 주어도 괜찮은 것인가? 성경은 무조건 언제까지나 **넘어가 주라**고 말하지 않는다. 갈등으로 인한 피해가 심각한 데도 계속 넘어가 주는 것은 갈등이 있다는 것을 **부정**(denial)하는 것이다. **부정**은 갈등이 있다는 것을 인정하지 않는 것이다. 이것은 성경에서 권하지 않는 것으로 위험한 결과를 가져올 수 있다.

갈등을 부정(denial)하게 되면…

갈등을 계속 그냥 눈감아 주는 것은 결국 갈등이 있다는 것을 부인하는 것이며, 그 심각성을 부정하는 것이다. 그렇게 되면 갈등이 더욱 심각하게 되고 속으로 썩어 들어가 관계가 깨어지고, 공동체가 부서져 파탄을 맞이하게 된다. 그 대표적인 예가 바로 엘리 제사장의 이야기이다. 엘리 제사장의 두 아들 홉니와 비느하스는 제사장의 신분으로서 다음과 같은 죄악을 저질렀다:

- 사환을 시켜 제사 고기를 삶을 때에 갈고리로 빼어 먹었다 (사무엘상 2:13-14).
- 제사 드릴 때에 고기의 기름을 태우지도 않고 날고기를 뺏어 먹었다 (사무엘상 2:15-16).
- 여호와의 제사를 멸시하였다 (사무엘상 2:17).
- 회막문(하나님을 만나는 장소)에서 수종 드는 여인과 동침하였다 (사무엘상 2:22).

이러한 두 제사장의 죄악에 대해 하나님께서 그의 사자들을 엘리 제사장에게 직접 보내어 다음과 같이 두 번에 걸쳐 경고하셨다.

- [하나님의 사람을 통하여] "…너희는 어찌하여 내가 내 처소에서 명령한 내 제물과 예물을 밟으며 **네 아들들을 나보다 더 중히 여겨** 내 백성 이스라엘이 드리는 가장 좋은 것으로 너희들을 살지게 하느냐…네 집에 영원토록 노인이 없을 것이며…네 집에서 출산되는 모든 자가 젊어서 죽으리라" (사무엘상 2:27-36).

• [사무엘을 통하여] "내가 그의 집을 영원토록 심판하겠다고 그에게 말한 것은 **그가 아는 죄악 때문이니** 이는 그가 자기 아들들이 저주를 자청하되 금하지 아니하였음이니라" (사무엘상 3:10-18).

이러한 하나님의 경고에도 불구하고 엘리 제사장은 아들들을 단 한 번만 꾸중하고 아무 조치를 취하지 않았다 (사무엘상 2:24-25). 결국 하나님의 심판이 그 집안에 내려 블레셋과의 전쟁에서 제사장 부자들도 죽고, 임신한 며느리도 죽고, 이스라엘은 하나님의 궤를 빼앗겨 버리는 치욕을 겪었다 (사무엘상 4:1-22). 이미 알고 있는 죄악에 대해 적절한 대응을 취하지 않은 엘리 제사장은 결국 모든 식구들뿐 아니라, 그의 책임 하에 있었던 이스라엘의 운명까지 위험에 처하게 하였던 것이다. 엘리는 그냥 **넘어가 주는 것**을 지나쳐서 **부정**의 단계에까지 넘어가고야 말았다.

넘어가기와 부정과 직접대화의 경계선은?

위에서 본 것처럼 부정(denial)으로 넘어가면 위험한 결과를 가져오게 된다. 한 가정 내에서 어머니나 아버지가 알코올 중독인 경우 온 가족이 고통을 당하는데 이것을 그냥 놔두게 되면 모두가 불행하게 된다. 적절한 시기에 중독자를 대화로 설득하여 병원에 데려가 치료 받게 해주어야 하는 것이다. 그렇다면 **넘어가기**와 **부정**과 **직접대화**로 넘어가는 경계선은 어디에 있는가 알아보자.

넘어가 주는 것이 현명한 경우들은 다음과 같은 경우들이다: (a) 상대방이 잘 모르고 실수한 경우나, 악의가 없이 단순히 실수한 경우이다. 예를 들어, 미국에 온 지 얼마 되지 않은 사람이 문화를 잘 모르고 저지르는 실수나, 혹은 새로 온 교우나 목사님이 교회의 전통을 잘 알지 못하고 범하는 실수가 여기에 포함될 수 있다. (b) 잘못이 가벼워 그 사람의 잘못을 곧 잊어버릴 수 있을 때 넘어가 줄 수 있다. 즉 하루 이틀 지나면 잊어버리고 그 사람을 다시 만났을 때 벽이 느껴지지 않으면 그냥 넘어가도 된다.

그렇다면 **넘어가 주는 것**이 옳지 않은 경우들은 언제인가? (a) 상대방의 잘못 때문에 화가 나고 억울해서 며칠간 잠을 이룰 수 없는 경우; (b) 상대방의 행위에 악의가 느껴져 신뢰를 잃고 더 이상 관계를 계속 할 수 없는 경우; (c) 상대방을 대할 때 여러 가지 이유로 내 마음의 문이 닫히고 둘 사이에 벽이 높아져가는 경우 등이다. 이런 경우에는 더 이상 넘어가지 말고 그 사람을 만나 직접 대화를 시도해야 하는 것이다.

어떤 신혼부부가 미국에 유학 와서 함께 공부를 했다. 부인은 여성학을 공부했는데 우연히 서점에서 "나는 왜 이혼할 수 없는가?"라는 책을 발견하여 그 책을 사가지고 와서 관심 있게 읽었다. 그런 후 약 3년이 지났을 때에 남편과 다투는 일이 생겼다. 남편은 느닷없이 3년 전에 읽은 그 책 제목을 거론하며 "당신, 그 때 왜 그 책을 읽었어? 이혼할 것을 생각했던 것 아니야?"라고 다그쳤다. 부인은 다 잊고 있었던 그 책을 겨우 기억해냈다. 남편은 부인이 그 책을 읽는 것을 보고 불안했던 것이다. 부인이 아무 생각 없이 공부를 위해 읽은 책이었는데도 남편은 별 상상을 하면서 그 때부터 부인의 행동을 의심의 눈초리로 보기 시작했던 것이다. 이런 경우 남편이 속으로 갈등이 생겼을 때에 그냥 넘어가 주면 안 되는 것이다. 3년 동안이나 이혼에 대한 책을 읽은 부인 때문에 잠을 설치고 불안해하면서도 그냥 부정하고 넘어갔던 것이다. 이 얼마나 황당하고 안타까운 일인가? 이런 경우야말로 단순하게 "왜 그 책을 읽어? 무슨 일이 있어?" 하며 직접대화를 시도했어야 했던 것이다.

상대방과 직접 대화하라

성경은 문제가 생겼을 때 당사자들끼리 직접 대화하는 것을 강조한다. 대화가 필요한 경우를 분석해 보면 다음과 같이 내가 **피해자**가 된 경우와 **가해자**가 된 경우 두 가지로 분류할 수 있다.

(a) 다른 사람이 나에게 잘못했을 경우 (내가 피해자인 경우)

"네 형제가 죄를 범하거든 가서 너와 그 사람과만 상대하여 권고하라 만일 들으면 네가 네 형제를 얻은 것이요" (마태복음 18:15). 성경은 상대방이 나에게 잘못했을 때, 대화의 문을 먼저 열 책임이 **나**에게 있다고 말한다. 대부분 잘못한 사람은 자기의 잘못을 알지도 못하거나 곧 잊어버리기가 쉽다. 그러나 해를 입은 사람은 그 사건을 쉽게 잊지 못한다. 그렇기 때문에 상처받은 "**내**"가 그를 먼저 찾아가 대화를 시작하라는 것이다. 이것은 그와의 관계를 중히 여길 때에만 할 수 있게 된다. 그와의 관계보다 나의 체면이나 자존심이 더 중요하면 대화를 하지 못할 것이다.

예수님은 사울이 기독인들을 핍박할 때 그들과 함께 핍박받는 **피해자**로서 **가해자**인 사울에게 먼저 찾아가서 대화를 걸으셨다: "사울아 사울아 네가 어찌하여 나를 박해하느냐" (사도행전 9:4).

(b) 내가 다른 사람에게 해를 입혔을 경우 (내가 가해자인 경우)

"예물을 제단에 드리려다가 거기서 *네 형제에게 원망들을 만한 일이 있는 것이 생각나거든* 예물을 제단 앞에 두고 *먼저 가서 형제와 화목하고* 그 후에 와서 예물을 드리라" (마태복음 5:23-24). 내가 남에게 해를 입힌 경우 우리는 그 사실을 모를 경우가 많고 알더라도 별일 아닌 것으로 생각하고 곧 잊어버린다. 그런데 어떤 경우에는 하나님 앞에 예배드리거나 기도할 때 그것을 생각나게 해주신다. 이 때에는 나중으로 미루지 말고 나 때문에 상처 받았을 그 사람을 곧 찾아가 대화할 책임이 "나"에게 있다고 말씀하는 것이다.

직접대화의 유익

직접대화를 하려면 용기와 믿음이 있어야 한다. 잘못하게 되면 괜히 말을 꺼냈다가 상태가 더 나빠질 수도 있기 때문이다. 그럼에도 불구하고 많은 유익을 가져다 줄 수 있다. 아래의 그림은 **넘어가기**와 **직접대화**, 그리고 **부정**으로 넘어가는 것의 관계를 한 눈으로 볼 수 있게 해준다.

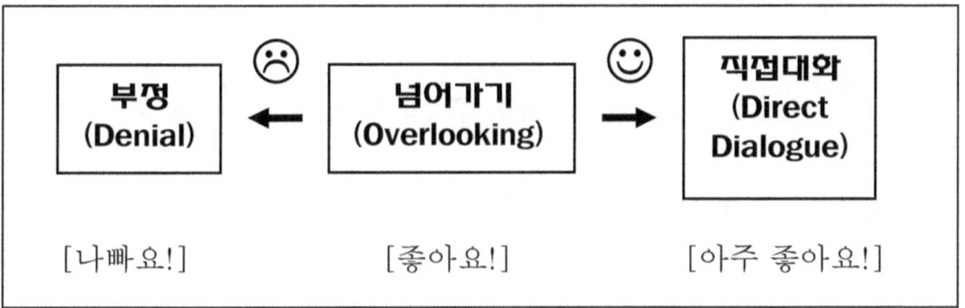

아무리 힘들어도 직접대화를 시도하면 다음과 같은 유익이 따른다. 첫 번째 유익은 작은 오해를 없앨 수 있다. 단순한 실수, 우연히 벌어진 일들, 모르고 행해진 해악들로 갈등이 생겼을 때 직접대화는 문제가 별 이유 없이 복잡해지기 전에 방지할 수 있는 것이다. 두 번째 유익은 상대방과 신뢰관계를 강화할 수 있다는 것이다. 어려운 상황에서 직접대화를 시도하면 상대방은 자신을 인격적으로 존중해 준다는 것을 느낄 수 있게 된다. 누군가가 나에게 직접대화를 먼저 시도하고 작은 오해들을 풀어 준다면 우리는 그에게 큰 고마움을 느끼게 된다. 따라서 둘 사이에 신뢰관계가 강화되는 것이다.

∝ 제 3 과의 핵심내용 ∝

1. **넘어가기**는 작은 실수를 혼자서 용서해 주는 것으로 상대방과의 사이에 벽이 생기지 않을 때 사용하는 방법이다.

- **부정**은 갈등이 있다는 것을 인정하지 않고 마치 아무 일도 없는 것처럼 지내는 것으로 자기의 체면을 관계회복보다 더 중요하게 여기는 것이다.

- **직접대화**는 당사자들간에 직접 대화하는 것으로 관계회복을 위해 가장 기본적이고 필수적인 방법이다. 직접대화를 성공적으로 이끌기 위해서는 대화방법을 연구하고 사랑하는 마음으로 접근하는 것이 필요하다.

∝ 핵심 성경구절 ∝

"네 형제가 죄를 범하거든 가서 너와 그 사람과만 상대하여
권고하라 만일 들으면 네가 네 형제를 얻은 것이요"
(마태복음 18:15).

묵상과 대화를 위한 질문

1. 상대방이 분명히 잘못했는 데도 불구하고 피해자인 **내**가 그에게 먼저 찾아가 그 문제에 대해 말을 꺼내야 할 책임이 있다고 하는 말을 들었을 때 어떤 생각이 드십니까?

촌극: "갈등 대응의 선택"

<이야기 줄거리>

S교회는 L권사님의 아들 J전도사님이 중고등부를 맡고 있었다. 그는 에너지가 넘치고 재치가 있어서 아이들과 부모님들로부터 인기가 좋았다. 그런데 J전도사님은 용돈이 부족할 때마다 아이들이나 몇몇 부모님들께 돈을 꾸는 버릇이 있었다. 그는 용돈이 부족하다기보다 사실은 인기를 얻기 위해 씀씀이를 자꾸 늘리게 되었고 돈을 헤프게 쓰게 된 것이다. 부모님들은 이것이 잘못된 것인 줄 알면서도

아이들이 너무나 좋아하고 따르다 보니 눈을 감아 주고 있었고, 목사님도 어렴풋이 소문은 들었으나 L권사님의 체면과 관계를 생각하여 직접 문제를 거론하지 못하고 있는 사이 J전도사님이 꾸는 돈의 양은 눈덩이 같이 커져만 가고 있었다. 이미 갚은 돈도 있었지만, 아직 갚지 못한 큰돈이 남아 있었다.

<등장인물>
- 가식이 – 중고등부 부장
- 도망이 – 목회위원장
- 솔직이 – 교육위원장
- 한방이 – K권사님 (L권사님과 경쟁관계)

❖ 장면 1: 한방이 권사님과 가식이 중고등부 부장 ❖

한방이 권사: 가식이 부장님! 전도사님에 대한 소문 들었습니까?
가식이 부장: 무슨 소문이요? 나는 소문 별로 안 좋아하는데...
한방이 권사: 아 글쎄, 전도사님이 아이들 부모님들한테 돈을 꾸고 다닌대요. 벌써 천 불이 넘었다는데... 이래도 되는 겁니까?
가식이 부장: 아 그냥 가만히 계세요. 아무 일도 없을 거예요. (가식이 부장이 가버린다.)
한방이 권사: 아따. 문제를 확 회피하는구면. 어디 나중에 체면이 어떻게 구겨지나 보아야 되겠구면! 흠... 그나저나 가만히 있으면 안 되는데... 그렇지! 목회위원장에게 가서 정식으로 건의해야지.

❖ 장면 2: 한방이 권사와 도망이 목회위원장 ❖

한방이 권사: 도망이 위원장님! 글쎄 전도사님이 아이들 부모님한테 돈을 벌써 2천 불씩이나 꾸고 다닌다는데 목회위원회에서 가만히 있으면 되겠습니까? 빨리 조치를 취해야지요.
도망이 위원장: 저도 그 소문을 듣기는 들었습니다만 그런 문제를 괜히 건드렸다가 큰일 나면 어쩌죠? 누가 다치기라도 하면 이거 교회가 시끄러워질 텐데...
한방이 권사: 아니 그래도 가만히 있으면 안 됩니다. 이번 기회에 그 전도사를 잡아야 되요. 아니 아버지가 권사라고 그런 일을 그냥 넘어가 주면 안 돼요. 아주 싹 잘라버려야 됩니다.
도망이 위원장: 저는 이런 일은 딱 질색입니다. 어떻게 사람을 그딴 일로 자르고 그럽니까? 그냥 가만히 나두면 저절로 깨달아 고치겠지요.

한방이 권사: 아니 도망이 위원장은 언제까지 도망만 다닐 거요? 내 참 답답해서... 안 되겠구먼 내 이 참에 교육위원장에게 가서 담판을 내야지!

❖ 장면 3: 한방이 권사님과 솔직이 교육위원장 ❖

한방이 권사: 솔직이 교육위원장님, 교회에 큰일이 났어요. 글쎄 전도사님이 아이들 부모님한테 돈을 꾸고 다닌다는데 벌써 3천 불이 넘었대요.
솔직이 위원장: 그렇습니까? 그러면 권사님이 전도사님과 이야기를 나누어 보셨습니까?
한방이 권사: 목회위원장에게 말씀 드렸는데 두 사람 모두 회피하고 도망가는데 급급하지 뭡니까? 아무래도 솔직이 위원장님이 이번에 따끔하게 손을 좀 써야겠습니다.
솔직이 위원장: 아니 손을 쓰다니요? 전도사님과 직접 대화도 안 해보고, 그를 죄인 취급해서는 안 됩니다. 일단 전도사님으로부터 상황 이야기를 들어보고, 이슈가 있으면 함께 차근차근 풀어나가도록 해야지요. 한방이 권사님도 잘 아시다시피 대화로 안 되는 일은 없지 않습니까? 그런데 어떤 식으로 대화를 풀어가야 할까요? 어디 좋은 아이디어가 있으십니까?
한방이 권사: 제가요? 아이디어요? 그냥 가서 이것저것 따져보면 되지 아이디어는 무슨 아이디어? 참으로 이상한 위원장이시네요.

1. 위의 촌극을 보고 느낀 점이나 깨달은 점은 무엇입니까?

2. 위의 촌극에서는 누가 누구에게 직접 만나 대화하는 것이 가장 이상적으로 문제를 해결하는 길일까요?

3. 당신이 교육위원장이라고 가정해 보십시오. 이제 전도사님께 직접 찾아가 그의 문제를 대화로 풀어보려고 합니다. 어떻게 대화를 풀어가면 이슈를 확실히 전달하면서 동시에 전도사님과의 관계를 더 강화시킬 수 있을까요? 성공적인 대화를 위해 사용할 수 있는 좋은 비유가 있을까요? 여러 가지 방법을 생각하여 정리해 보십시오.

제 4 과
중재사역

우리는 어렸을 때에 집에서 형제자매들간에 싸우고 있는데 어머니나 아버지가 오셔서 "너희들 조용히 하지 못해? 왜 싸우고 야단이야! 각자 방에 들어가 허락할 때까지 나오지 마!" 하며 호통을 치고 사라지셨던 기억들이 있을 것이다. 이것이 우리가 처음 보고 배운 **중재자**의 모습이다. (물론 이것과는 다른 모습을 보여준 부모님과 어른들도 있다. 이들은 얼마나 복 받으신 분들인가?) 우리는 이러한 중재자의 모습이 알게 모르게 몸에 배어 있어서 우리의 자녀들이 싸울 때에도 똑같은 방법으로 대응한다. 이렇게 되면 자녀들은 갈등이 있을 때 차분히 대화하는 방법을 배우지 못한다. 그러나 우리는 살면서 원하든지 원하지 않던지 사람들간의 갈등에 끼어 **중재**해야 할 때가 있다. 중요한 사람들의 관계가 우리의 손에 달려 있을 때가 있는 것이다. 이처럼 어차피 **중재**를 할 수밖에 없는 상황이라면 우리는 더 좋은 중재자가 되기 위해 노력해야 하는 것이다. 하나님을 믿는 자로서 우리는 성경이 이 문제에 대해서 무엇이라고 말하는지 이해해야 한다. 성경은 과연 **중재사역**에 대해 무엇이라고 말하고 있는지 알아보고, 배우고, 실천하도록 하자.

성경에서는 중재사역에 대해 무엇이라고 말하고 있는가?

성경에서는 당사자간의 **직접대화**로 갈등을 풀 수 없을 때 제3자의 도움으로 대화를 계속하게 해주는 **중재**의 방법을 사용하라고 말한다. 초대교회에서는 우선 **직접대화**를 시도한 후에 대화가 잘 안 풀리면 두세 명의 증인들을 데리고 가서 함께 이야기 해보라고 권고하였다:

> 네 형제가 죄를 범하거든
> 가서 너와 그 사람과만 상대하여 권고하라
> 만일 들으면 네가 네 형제를 얻은 것이요
> 만일 듣지 않거든 한두 사람을 데리고 가서
> 두세 증인의 입으로 말마다 확증하게 하라
> (마태복음 18:15-16).

"두세 증인"이란 사건을 직접 증거한 사람들이기도 하지만 그 상황에서 당사자들만의 대화로는 진전이 없을 때 도움이 될 수 있는 자들을 말한다.

많은 교회를 개척하고 섬기던 사도 바울은 각 교회마다 여러 가지 갈등으로 힘들어 하는 모습들을 보았다. 특히 고린도 교회에서 교인들이 갈등을 교회 내의 중재자를 통해 해결하기보다는 세상의 법정으로 문제를 끌고가는 것을 보고 한탄하며 다음과 같이 말한다:

> 내가 너희를 부끄럽게 하려 하여 이 말을 하노니 너희 가운데
> *그 형제(성도)간의 일을 판단할 만한 지혜 있는 자가* 이같이
> 하나도 없느냐 (고린도전서 6:5).

바울은 각 교회 공동체마다 지혜로운 중재자가 존재하여 갈등 상황이 생길 때마다 활발하게 사역하기를 기대하고 있었다는 것을 알 수 있다.

하나님의 중재원리들

중재를 할 때에 좋은 결실을 맺기 위한 **중재원리**가 있다면 어떤 것들일까? 성경에 있는 **중재원리들**을 찾아보자. 먼저 하나님의 중재사역을 찾아서 연구해 보고 하나님의 중재원리를 정리해 보자. 하나님은 사람들 사이의 갈등을 여러 번 직접 중재하셨는데 그 중 아브라함과 아비멜렉의 예를 들어 어떤 원리에 따라 중재를 하셨는지 살펴보도록 하자.

(1) 직접 대화가 불가능 할 때 개입하신다.

하나님은 쌍방이 직접 대화를 할 수 없을 때 개입하여 최악의 상황을 막아 주신다. **아브라함**과 **아비멜렉 왕**은 **사라**를 사이에 두고 오해가 생겨 파괴적인 결말을 앞두고 있었다 (창세기 20:1-18). 그것은 아브라함이 사라가 너무 예뻐서 아비멜렉 왕이 사라를 탐하여 남편인 자기를 죽일 것이라고 생각했기 때문에 거짓말을 해서 생겨난 일이었다. 즉 아브라함은 사라가 자기의 누이라고만 말하고 아내라는 것을 말하지 않았다. 그리고 그것을 믿은 아비멜렉 왕은 사라를 아내로 취하려고 데려갔던 것이다. 아브라함과 아비멜렉 왕은 서로간에 너무나 모르는 상태였기에 마음 터놓고 각자의 사정과 의도를 이야기할 기회도 없었다. 따라서 둘 사이에 직접 대화한다는 것은 불가능한 상황이었다. 이제 아브라함은 사라를 잃고 하나님이 약속하신 자녀를 얻지 못할 위기에 처해진 것이다. 이렇게 직접 대화가 불가능해졌을 때 하나님께서 개입하셨다.

(2) 힘 있는 자를 먼저 접촉하신다.

하나님은 쌍방 중에 힘이 더 큰 자에게 먼저 다가가 대화하심으로써 폭력의 가능성을 방지하신다. 창세기에서 보면 **아비멜렉**은 **아브라함**과 **사라**를 죽일 수 있는 위치에 있었고, 하나님은 이러한 아비멜렉에게 먼저 나타나 대화하셨다. 아브라함은 남의 땅에서 군대도 없고 왕과 대항할 힘이 없었다. 이러할 때에 하나님께서는 아비멜렉 왕의 꿈에 나타나 (a) 아비멜렉 왕이 남의 아내를 취했으므로 벌을 받게 될 것이라고 경고하셨다 (창세기 20:3). (b) 그러자 아비멜렉 왕은 자신이 아브라함의 거짓말에 속았을 뿐 악한 의도가 없었음을 말했다 (20:4-6). (c) 하나님은 아비멜렉이 결백함을 인정해 주셨다 (20:6). (d) 아비멜렉 왕이 사라에게 손을 대지 못하게 막아 주셨으며 (20:6); (e) 문제 해결을 위해 사라를 그대로 돌려주는 것이 가장 좋은 방법임을 알게 해주셨고 (20:7); (f) 사라를 돌려주지 않을 경우에 아비멜렉 왕이 받게 될 벌까지도 경고해 주셨다 (창세기 20:7). 이렇게 아비멜렉 왕에게 진실을 알게 하고 상황을 제대로 판단할 수 있게 도와주신 것이다.

(3) 상대방에 대해 가졌던 편견에 도전하신다.

하나님은 쌍방간의 편견에 도전하여 새로운 시각을 갖도록 하신다. 하나님은 위에서 본 것처럼 **아비멜렉**에게 진실을 말해 주어 시각을 바꾸게 하셨다. 그리고 **아브라함**의 시각도 바꾸어 주셨다. 아브라함은 이방 땅의 아비멜렉 왕이 하나님을 모르고 두려워하지 않는 사람이라고 오해했다. 하나님을 모르는 왕은 남의 아내를 맘대로 빼앗고 그 남편을 죽일 수 있는 사람이라고 생각했던 것이다 (창세기 20:11). 그러나 하나님이 직접 이방인인 아비멜렉의 꿈에 나타나셔서 모든 상황을 설명해 주셨다는 이야기를 들었을 때에 아비멜렉에 대한 시각을 바꿀 수밖에 없었다. 아브라함은 자기도 모르게 영적 교만의 죄를 짓고 있었다. 영적으로 이방인보다 자기가 더 하나님과 가깝고, 그래서 더 도덕적인 삶을 살고 있다고 생각했다가 그것이 뒤집어지게 된 것이다.

(4) 당사자들간의 직접 대화를 격려하신다.

하나님은 당신 자신의 존재를 쌍방이 충분히 의식하게 하신 후에는 당사자들이 직접 대화를 계속 할 수 있도록 하신다. 당사자들이 직접 만나 대화를 통해 쌍방간의 이해를 높이고 자초지종을 설명할 기회를 가질 수 있게 하시는 것이다. **아비멜렉**은 하나님의 말씀을 들은 후 **아브라함**과의 직접 대화를 시도해서 자신의 입장을 설명하고 아브라함의 상황을 이해하게 되었다. 아비멜렉은 사라를 곱게 돌려주었고 (창세기 20:14), 아브라함은 자신의 잘못을 설명했다 (창세기 20:11-13)

(5) 관계를 회복하고 새롭게 강화하도록 인도하신다.

하나님은 쌍방간에 서로 신뢰를 회복하고, 앞으로 좋은 관계로 발전해 나갈 수 있도록 지혜를 주신다. **아비멜렉** 왕은 **아브라함**에게 자기의 땅에 함께 거할 것을 초청하였으며 (창세기 20:15), 사라가 받았던 고통에 물질적으로 보상도 해주었다 (20:16). 또한 사라의 명예를 회복시켜 주었고 (20:16), 아비멜렉의 여인들의 닫혔던 태가 다시 열리게 해주셨다 (20:17-18). 즉 쌍방이 복을 누리게 된 것이다.

예수님의 중재원리들

예수님도 직접 중재하셨는데, 예수님의 중재원리와 하나님의 중재 원리는 동등하다. 사울과 교회공동체간의 갈등을 통해 예수님의 중재원리를 배워 보자 (사도행전 8장-9장). 사울의 박해가 점점 악화되어 많은 성도들을 괴롭히자 주님은 사울에게 직접 나타나셔서 둘 사이를 중재하셨다.

(1) 직접 대화가 불가능할 때 개입하신다.

예수님은 쌍방이 직접 대화를 할 수 없을 때 개입하여 제3의 길을 열어주셨다. 사울과 교회공동체 사이의 갈등은 아래의 구절에서 볼 수 있듯이 가장 심한 단계에까지 발전한 상태였다.

사울이 교회를 잔멸할새 각 집에 들어가 남녀를 끌어다가
옥에 넘기니라 (사도행전 8:3; 9:1 을 참조).

서로 박해하고 도망치는 양측이 만나서 대화를 한다는 것은 불가능한 일이었다. 사울은 초대교회 성도들에게 직접 간접으로 원수와 같은 존재요, 성도들은 사울에게 잡혀 가야할 하나님의 원수요 율법의 원수였던 것이다. 바로 이러한 상황에서 예수님이 사울을 직접 만나 기독교 공동체와 화해하도록 개입하신 것이다.

(2) 힘 있는 자를 먼저 접촉하신다.

예수님은 쌍방 중에 더 큰 힘을 갖고 있는 사울에게 먼저 다가가 대화하셨다. 즉 공권력을 이끌고 다메섹의 교회공동체를 찾아가 잡아

가려고 했던 사울의 길을 막으신 것이다. 예수님의 개입이 없었다면 아나니아를 포함한 다메섹 성도들이 모두 잡혀 예루살렘으로 끌려가 곤욕을 치렀을 것이다.

(3) 상대방에 대한 편견에 도전하신다.

예수님은 양쪽을 모두 만나 상대방 나름대로 갖고 있던 편견에 도전하셨고, 그들의 시각을 바꾸어 주셨다. **사울**은 자신이 **하나님의 율법대로 죄인들을 처벌하는 정의자**라고 생각했었다 (참조 사도행전 8:1). 그러나 예수님이 나타나시어 "사울아 사울아 네가 어찌하여 나를 박해하느냐?" (9:4) 라고 물음으로써 사울이 **박해자**라는 것을 알게 해주셨다. 또한 사울은 예수님을 **율법을 파기한 자**로 이해하고 있었다. 그러나 그가 **빛**으로 다가와서 사울의 이름을 부르며, 기독인들에 대한 박해를 그쳐달라고 호소할 때, 자신이 흔들리는 것을 느끼며 예수님에게서 신적인 존재를 느끼게 되었고, 자신도 모르게 예수님을 **주여!**라고 부르게 되었다. 사울은 자신과 예수님을 각각 이전과는 다른 시각으로 보게 된 것이다.

예수님은 **아나니아**의 편견도 바꾸어 주셨다. 아나니아가 볼 때에, 사울은 교회공동체를 멸절시키는 **박해자**였다. 따라서 당연히 주님께서도 사울을 경계하고 그를 심판해야 한다고 생각하였을 것이다. 그런데 주님은 사울이 행한 일들을 다 아시고도 그를 질책하거나 심판하지 않고 오히려 아나니아와 거의 동등하게 대하고 계셨다: (a) 주님은 아나니아를 만나기 전에 사울을 *먼저* 만나 말씀하셨다. 주님께서 자기의 원수인 사울을 만나셨고 지금도 계속 사울에게 환상 속에서 말씀하고 계시다는 것을 알게 된 아나니아는 크게 놀랐을 것이다 (사도행전 9:11-12); (b) 아나니아가 *기*도 중에 주님을 만나는 바로 그 시간에 사울도 기도 중에 주님으로부터 말씀을 전달받는다는 것을 알게 되었다 (사도행전 9:11); (c) 아나니아를 제자로 부르신 주님이 사울도 "택한 나의 그릇"이라고 말하셨다 (사도행전 9:15).

주님이 사울을 동등하게 대하는 듯하니 아나니아는 이해가 되지 않았다. 그래서 그는 주님께 사울이 얼마나 악행을 저질렀고 지금도 저지르고 있는지 고발하였다 (9:13-14). 그러자 주님은 사울을 다른 제자들과는 다르게 사용할 것임을 보여주셨다. 즉 사울은 **이방인**을 전도하기 위한 그릇이라는 것이다 (9:15). 지금까지 모든 유대계 기독교인들은 같은 유대인들에게만 전도했다. 이방인을 전도한다는 것은 생각도 하지 못했다. 사울을 **이방인**을 위해 쓰실 것이라는 말씀을 들었을 때에 사울과 자신을 구별하여 사용하시는 주님의 뜻을 깨닫게 된 것이다. 더욱이 유대계 기독교인들을 그토록 박해했던 사울이 앞으로 **많은 고난**을 당할 것이라고 말씀하시는 것을 들었다 (사도행전 9:16). 이제 아나니아는 사울 때문에 고난 당했던 동료 기독교인들에 대한 한을 어느 정도 풀 수 있게 된 것이다. 이와 같이 시각적 변화를 통해 양측은 서로 만날 수 있는 준비가 되었고, 그리스도 예수 안에서 서로를 받아들일 준비가 되었다.

(4) 아나니아와 사울의 직접 만남으로 연결하신다.

주님은 그의 존재와 의도를 쌍방이 충분히 의식할 수 있게 만든 후에 당사자들이 직접 만날 수 있도록 주선해 주셨다. 아나니아는 사울을 찾아왔다 (9:17-19). 사울은 예수님을 만난 후 많은 혼돈 가운데 빠져있었다. 이것이 과연 무엇을 의미하는가? 이제 그가 가장 자랑스럽게 속하였고 그가 누구인지를 뚜렷이 규정해 주던 바리새파 그룹과 사실상 결별해야 하는가? 앞으로 어떻게 될 것인가 전혀 알 수 없는 상황이었다. 오직 하나님과 연결된 끈을 소중하게 붙들고 있을 뿐이었다. 이러한 사울에게 아나니아가 찾아와 그를 "형제"라고 불러 영접하였다 (9:17). 그리고 사울과 자기는 같은 주님을 따르고 있음을 밝혔다. 곧 바로 사울은 성령 충만함을 경험하고 세례를 받았다. 공식적으로 예수님을 주님으로 섬기는 새로운 공동체의 일원이 된 것이다. 또한 사울은 다시 보게 되었고 음식을 먹고 강건하여졌다. 사울은 지난 3 일 동안 잃어 버렸던 몸의 건강과 공동체의 소속감을 아나니아를 만나 회복하게 되었다. 적대감이 해소되었고, 벽이 무너졌다. 화해가 시작된 것이다.

(5) 다메섹의 제자 공동체와 관계 회복을 이루게 하신다.

사울은 아나니아의 소개로 다메섹에 있는 제자 공동체를 만나게 되었고 그들과 함께 지냈다 (9:19). 이것은 쌍방간에 화해가 이루어졌음을 뜻한다. 사울은 지체하지 않고 다메섹에서 예수가 하나님의 아들이라고 전파하였다 (9:20). 곧 사울의 제자가 되겠다는 사람들이 나타났다 (9:25). 그러나 많은 사람들은 그의 메시지보다도 그의 놀라운 변화에 더 민감하게 반응하였다 (9:21). 이 새로운 복음이 무엇이기에, 예수가 도대체 누구이기에, 박해자 사울을 바꾸어 전도자가 되게 하였는가? 모두에게 놀랍게 다가왔던 것이다. 이 사실을 받아들이는 자들은 제자 공동체에 합류하였으나 그렇지 않은 자들은 사울을 죽이고자 하였다 (9:22-24). 이제 <사울의 제자들>이 사울을 광주리에 담아 다메섹의 위협으로부터 구하는 일이 일어났다 (9:25).

✂ 제 4 과의 핵심내용 ✂

1. **중재**는 당사자간의 **직접대화**로 갈등을 풀 수 없을 때 제3자의 도움으로 대화를 계속하게 하는 방법이다.
2. 하나님과 예수님의 중재사역은 다음과 같은 원리 및 과정을 보여준다.
   - 직접 대화가 불가능할 때에 중재자로 개입한다.
   - 힘있는 자를 먼저 접촉한다.
   - 쌍방이 각자 상대방에 대해 갖고 있던 편견에 도전하여 시각적 변화를 시도한다.
   - 당사자들간의 직접 대화로 화해하게 한다.
   - 당사자들간의 관계회복으로 이어지게 한다.

✂ 핵심 성경구절 ✂

내가 너희를 부끄럽게 하려 하여 이 말을 하노니
너희 가운데 그 형제[성도]간의 일을 판단할 만한 지혜 있는
자가 이같이 하나도 없느냐 (고린도전서 6:5).

묵상과 대화를 위한 질문

1. 하나님이 여러분의 상황 속에서 중재하신 적이 있으십니까? 여러분의 꿈에 나타나거나, 설교 시간에 성령께서 말씀하셔서 갈등을 해결한 적이 있으십니까? 나눌 만한 이야기가 있다면 함께 나누어 보십시오.

2. 하나님께서는 우리가 가진 편견을 바꾸어주십니다. 여러분이 다른 사람에 대해 가졌던 편견을 하나님께서 바꾸어 주신 경우에 대해 이야기해 보십시오.

3. 하나님과 예수님의 중재원리 중에서 어떤 원리가 가장 중요하다고 생각하십니까? 왜 그것이 중요합니까?

4. 다음의 이야기를 읽고 중재사역이 잘 이루어지기 위해 필요한
요소들이 무엇인지 이야기해 보십시오.

이혼을 방지한 중재대화

미국의 어떤 한인교회에 다니는 한 부부는 결혼한
지 15 년이 되었는데 약 5 년 전부터 갈등이 심화되고
있었다. 두 사람은 문제를 해결하기 위해 여러 모로
노력했다. 그러나 싸움은 더 잦아지고 아이들은 우울증에
빠지게 되었다. 어느 날 남편이 초췌한 모습으로 목사님께
나타나서 다음 날 이혼하겠다고 말하였다. 목사님은
남편에게 이혼을 하루만 미루어 달라고 부탁하고 다음
날 심방을 갔다.

목사님은 두 사람을 앉혀 놓고 중재자 훈련에서
받은 대로 중재대화를 이끌어 갔다. 남편에게 그 동안 두
사람의 관계에 대해서 하고 싶은 말을 다 해보라고 했다.
남편은 모든 이야기를 40 분 안에 마쳤다. 그가 이야기
하는 동안 부인이 끼어들려고 했지만 목사님이 말렸다.
그리고 남편의 말을 잘 정리 요약하면서 어떤 이슈들이
언급되고 있는지 강조했다.

이제 부인의 차례가 되었다. 부인은 아주 옛날에
있었던 일부터 시작해서 지난 15 년간 있었던 일을
자세하게 말했다. 이 때도 역시 남편이 끼어들어 부인의
말을 고치려고 했지만 목사님이 말렸다. 그리고 가끔씩
부인의 말을 정리해서 말해 보라고 남편에게 기회를
주었다. 이렇게 하기를 3 시간이 지나고 4 시간이 지났다.
부인은 아직도 할 말이 많은 듯했다. 그러나 남편 쪽에서
갑자기 크게 울기 시작했다. 그리고 자신이 잘못 했노라고,
그런 줄 몰랐었다고 하면서 사과하는 것이었다. 그러자
부인도 하던 말을 그치고 함께 울기 시작했다. 많은 오해가
풀렸고 서로가 아직도 사랑하고 있음을 확인할 수 있었다.
그리고 둘이서 이혼을 당분간 미루기로 하였다. 이후에 이
부부는 옛날에 사랑하던 것보다 더 깊이 사랑하면서
화목한 가정을 이루어 갔다.

제 5 과
감정분리

K집사님은 남편과 여러 가지로 갈등이 있다. **넘어가기**도 해 보았고, **직접대화**도 열심히 해 보았다. 그 때문에 심각한 싸움도 여러 번 했다. 그 래도 문제가 해결되지 않자 **중재자**를 통해 해결점을 찾아보려고 노력했다. 목사님과도 상담했고, 전문치유자도 만나 함께 대화해 보기도 했다. 그러나 아무것도 나아지는 것이 없었다. 이제 K집사님에게는 어떠한 선택이 남아 있을까? 만일 더 이상 남편의 문제로 씨름할 힘도 없고 의지도 없다면, 이혼을 생각할 것이다. 그러나 아직도 남편과의 관계를 포기하고 싶지 않 다면 계속 기도하면서, 흔들리지 않고 자신의 삶에 충실하며, 남편이 돌 아오기를 기다리는 것도 하나의 방법이 될 수 있지 않을까?

사실 옛날부터 많은 기독교인들이 갈등 해결의 한 방법으로 이러한 길을 택해 왔었다. 기도하고 기다리면서 남편에게 변함없는 사랑으로 대 해주고 그 때문에 생기는 박해나 고통을 인내로 참아 오다가 어느 날 남 편이 감동을 받아 변하는 것을 보기도 했던 것이다. 이것이 해피엔딩으로 끝나는 경우에는 많은 설교의 예화로 사용되기도 한다. 그러나 이 방법이 언제나 원하는 결과를 가져다주지는 않는다는 데에 위험성이 있는 것이다. 과연 언제까지 기다려야 하며, 언제까지 버틸 수 있다는 말인가? 이러한 방법에 대해서 우리는 얼마나 진지하게 배워보았는가? 단지 다른 방법이 없어서 절망 가운데 할 수 없이 선택한 것은 아닌가? 이러한 방법이 과연 사람을 자유롭게 하고 생명을 살릴 수 있을까? 이제 성경은 여기에 대해 무엇이라고 말하는지 살펴보도록 하자.

다윗의 감정분리 이야기

다윗은 사울 왕으로부터 억울하게 미움과 질투를 받아 고난을 겪었다. 사울은 다윗이 자기의 왕위를 위협한다고 생각하고 여러 번 죽이려고 시도 하였던 것이다 (사무엘상 18:10-11, 25; 19:10, 11, 15). 그러자 다윗은 사울의 아들 요나단에게 **중재**를 요청하여 사울과 대화를 시도하였다 (20:1-42). 그것도 여의치 않자 다윗은 사울의 살해 시도로부터 계속 피해 다녔다. 그러다가 사울을 죽일 수 있는 절호의 기회를 두 번이나 얻었으나 그를 죽이지 않고 살려 보내며 사울에게 자기의 선한 속마음을 전하였다. 다윗이 사울에게 직접 말한 다음의 호소 안에는 **자신이 직접 원수 갚지 않겠다는 것**과 그것이 **하나님에 대한 신뢰관계 때문이라고 분명히 인식하였다는 것**, 그리고 **감정에 휩쓸려 관계를 파괴하지 않겠다고 하는 의지**가 잘 나타나 있다:

> 오늘 여호와께서 굴에서 왕을 내 손에 넘기신 것을 왕이 아셨을 것이니이다 어떤 사람이 나를 권하여 왕을 죽이라 하였으나 내가 왕을 아껴 말하기를 나는 내 손을 들어 내 주를 해하지 아니하리니 그는 여호와의 기름부음을 받은 자이기 때문이라 하였나이다… 내 손에 있는 왕의 옷자락을 보소서 내가 왕을 죽이지 아니하고 겉옷 자락만 베었은즉 내 손에 악이나 죄과가 없는 줄을 아실지니이다 왕은 내 생명을 찾아 해하려 하시나 나는 왕에게 범죄한 일이 없나이다 여호와께서는 나와 왕 사이를 판단하사 여호와께서 나를 위하여 왕에게 보복 하시려니와 내 손으로는 왕을 해하지 않겠나이다
>
> (사무엘상 24:10-12).

사울은 두 번에 걸쳐 다윗이 자기를 해하는 대신 목숨을 보존하여 준 것에 감동하였다 (24:1-7, 16-22; 26:6-12, 21-25). 그 후로는 또 다시 다윗을 죽이려하지 않았다 (27:4). 그러나 사울은 결국 전쟁에서 전사하고 말았다 (31:1-7). 비록 둘의 관계가 온전히 회복된 것은 아니었지만, 부분적으로라도 서로 뜻이 통하게 되었고, 최후에는 적개심을 거둘 수 있었기 때문에 서로 죽이려고 하는 일을 피할 수 있었다. 다윗은 사울과의 갈등이 자기의 생애를 망치도록 허락하지 않았다. 복수심에 불타지 않았으며 사울을 계속하여 자기의 왕으로 인정하고 존중할 수 있었다. 이것이 바로 **감정분리**의 훌륭한 모범이라고 할 수 있다.

다윗이 보여준 감정분리의 특징을 정리해 보면 아래와 같다:

- 중재자를 통해 상황을 향상시키려고 노력한다.
- 직접 원수 갚는 것을 포기한다 (공격하지 않는다).
- 상대방의 행동을 닮지 않고, 하나님 앞에 신실하게 행동한다.
- 하나님이 지켜보고 계시며, 상황을 인도하고 계신다는 믿음을 유지한다.

요셉의 감정분리 이야기

요셉은 그 형들과 어렸을 때부터 갈등이 있었다. 아버지 야곱은 열한 번째 아들인 요셉을 다른 누구보다도 사랑했고, 이에 대해 형들은 시기와 불만이 있었다 (창세기 37:2-4). 요셉 자신도 형들의 잘못을 아버지에게 고자질했을 뿐 아니라, 그들이 후에 자기를 섬기는 것을 미리 말해 주는 듯한 꿈 이야기를 혼자 간직하지 않고, 모두에게 말해 버림으로써 형들의 자존심을 건드렸고 화나게 만들었다 (37:5-11). 이러한 요셉을 없애 버리려고 형들은 음모를 꾸몄다 (37:18-20). 르우벤과 유다는 요셉을 죽이려는 몇몇 형제들을 설득하여 상인들에게 팔아넘겨 애굽으로 가도록 하였다 (37:21-28).

요셉의 고난에는 억울한 점이 많았다. 형들이 행한 살해 음모와 인신매매는 용서할 수 없는 범죄였다. 가나안 고향에서 있었던 일들은 이미 어쩔 수 없는 과거가 되었지만, 요셉으로서는 너무 화가 나고 억울해서 자다가도 벌떡벌떡 일어날 일들이었다. 자신을 그러한 지경에 빠지도록 허용했던 하나님에게도 화가 났을 수도 있었다. 자신의 분노를 억제하지 못하면 주위사람들과 자주 싸우고, 남들을 공격하여, 범죄자로 전락할 수도 있는 것이다. 그러나 요셉은 이러한 길들을 선택하지 않고 다른 길을 선택했다. 그것은 <하나님>을 자기의 적으로 만드는 대신 자기의 후원자로 만든 것이었다:

요셉이 이끌려 애굽에 내려가매…보디발이…요셉을 사니라
여호와께서 요셉과 함께 하시므로 그가 형통한 자가 되어…
그의 주인이 여호와께서 그와 함께 하심을 보며 또 여호와께서
그의 범사에 형통하게 하심을 보았더라 (창세기 39:1-3).

요셉은 자신의 어두웠던 과거가 자신의 현재와 미래를 망치도록 허용하지 않았다. 그는 하나님 안에 늘 거함으로써 자신의 건강한 모습을 되찾았고, 따라서 범사에 형통하는 열매를 계속 맺을 수 있었던 것이다.

요셉에게 닥친 고난은 고향 땅에서 막을 내리지 않았다. 애굽에서도 계속하여 억울하게 옥살이하였고 (창세기 39:7-20), 자신의 억울함을 풀어 옥에서 건져주리라 믿었던 술 관원장이 그를 잊어버리는 배신을 경험하기도 했다 (창세기 40:13-15, 23). 이렇게 계속된 고난을 경험하게 되면 누구라도 쉽게 하나님을 원망하고 사람들을 미워하였을 것이다. 그러나

요셉은 하나님 안에서만 볼 수 있는 더 큰 계획을 믿었고, 주위 사람들에게 계속하여 선을 베풀고 자신의 긍정적인 모습에 초점을 두어 주위 사람들로부터 인정을 받는 사람이 되었던 것이다.

요셉이 이렇게 **감정분리**를 할 수 있었던 것은 그가 그의 형들을 어느 시점에서인가 **용서**했기 때문에 가능하였다. 그가 형들을 용서하지 않았다면 형들이 음식을 구하러 나타났을 때 아버지와 베냐민에 대한 필요한 정보를 얻어 낸 후 그들을 없애 버리려 했을 것이고 그것은 아주 쉬운 일이었을 것이다 (창세기 42:5-8). 그러나 요셉은 직접 원수 갚는 일을 하지 않았다. 그에게 있어서 가장 중요한 존재는 하나님이었고, 하나님은 언제나 그에게 신실하여서 놀라운 사건들 **애굽의 총리가 되고 수많은 민족을 구하는 일**을 통해 그에게 충분한 보상을 해주었던 것이다. 또한 그 하나님은 요셉을 통해 이스라엘 백성을 구원하려는 계획을 갖고 있었으며, 그러한 하나님의 뜻에 요셉이 순종했던 것이다. 이러한 태도는 요셉이 형들을 용서하면서 건네는 말 속에 아래와 같이 잘 나타나 있다:

요셉이 그들[형들]에게 이르되 두려워하지 마소서
내가 하나님을 대신하리이까
당신들은 나를 해하려 하였으나 하나님은 그것을 선으로
바꾸사 오늘과 같이 많은 백성의 생명을 구원하게 하시려
하셨나니 당신들은 두려워하지 마소서. 내가 당신들과
당신들의 자녀를 기르리이다 하고
그들을 간곡한 말로 위로하였더라 (창세기 50:19-21).

요셉이 보여준 **감정분리**의 특징을 정리해 보면 아래와 같다:
- 감정의 노예가 되지 않았다 (분노에 휩싸여 사람들을 원망하거나, 폭력적인 사람이 되지 않았다. 또한 화병에 걸리지도 않았다).
- 형들(가해자들)을 용서하였다.
- 형들에게 직접 원수 갚는 것을 포기했다.
- 하나님의 선하심과 인도하심을 굳게 믿었다.

◈ 생각을 돕는 질문:
다윗이나 요셉의 이야기 외에 건강한 감정분리의 이야기를 성경 속에서 찾아보면 어떤 이야기가 있을까요?

감정분리의 실행 조건은?

감정분리를 택하는 것이 옳은 경우는 다음과 같은 조건들이 갖추어져 있을 때이다:

• 직접대화 및 중재 후에 선택하는 경우
갈등이 생겼을 때 **직접대화** 및 **중재** 등 대화를 했지만 성공하지 못했을 경우에 **감정분리**를 선택해야 한다. 대화를 충분히 하지도 않고 처음부터 **감정분리**를 택하는 것은 대화를 회피하기 위한 수단으로 **감정분리**를 이용하는 것이다. 이렇게 되면 대화할 수 있는 모든 수단을 다했다고 하는 자신감이 없기 때문에 감정적 분리를 하면서 한쪽으로는 죄의식을 갖게 된다. 직접대화와 중재를 한 후에 감정분리를 할 때 우리는 죄의식이나 수치심에 빠지지 않을 수 있다. 그리고 자신에 대한 긍정적 이미지를 세워갈 수 있고, 그것이 바탕이 되어 갈등 상황으로부터 감정적으로 분리할 수 있는 힘이 생기는 것이다.

자율적 선택
주위 사람의 눈을 의식해서 억지로 혹은 의무로 선택하지 말아야 한다. 갈등이 심화되었을 때에 우리는 주위 사람들로부터 "믿음 좋은 신앙인"은 무조건 참고 인내해야 한다는 압력을 받을 때가 있다. 이러한 압력 때문에 억지로 **감정분리**를 한다고 시도한다면 시작부터 자유로운 선택이 아니기 때문에 감정은 억압받게 되고 진정한 의미의 분리는 이루어질 수 없게 된다.

용서
우리에게 해를 입힌 자를 용서하는 것이 중요하다. 용서는 가해자의 회개 및 사과가 없어도 우리 쪽에서 먼저 행할 수 있다. (용서에 대해서는 17 과와 18 과를 참조하라). 용서를 한다는 것은 그가 행한 잘못에도 불구하고, 그도 역시 하나님의 은총과 사랑이 필요한 하나님의 자녀임을 인정하고 받아들이는 것이다. 이렇게 할 때 우리는 그가 나에게 행한 불의와 고통에도 불구하고 그를 위해 기도하고 축복할 수 있게 된다. 이러한 용서를 했을 경우에만 우리는 그 때문에 생겨난 온갖 부정적인 감정들로부터 자유롭게 될 수 있다. 이러한 자유를 얻을 때에 우리는 미래를 향하여 한 발자국씩 발걸음을 옮길 수 있게 되는 것이다.

자신의 한계에 대한 분별력과 정직성

감정분리는 믿음의 한계에 도전하게 만든다. 그 한계점은 진지하게 도전받을 때 더 확장될 수도 있고 믿음의 끝을 경험할 수도 있는 것이다. 중요한 것은 자신이 현재 어디까지 견딜 수 있는지 분별할 수 있는 지혜가 있어야 한다는 것과, 그것을 솔직하게 인정하고 받아들일 수 있는 용기가 있어야 한다는 것이다. 자신의 한계점을 경험할 때 우리는 내 힘으로는 (물론 성령님이 계속 도와주셨지만) 더 이상 감당할 수 없다고 선언하고 우리보다 더 큰 힘(공권력, 기관, 영향력 있는 후원자 등)을 찾아가 도움을 청해야 한다. 내가 다 책임지고 끝까지 혼자서 감당할 수 있다고 고집을 부리는 것은 어쩌면 나 자신을 우상화시키는 것일 수도 있는 것이다.

감정분리는 도망과 어떻게 다른가?

감정분리(emotional separation)는 **도망**(flight)과 같은 점도 있지만 근본적으로 다르다. 둘을 비교해 보면 아래와 같다.

	감정 분리 (Emotional Separation)	도망 (Flight)
감정의 문제	• 감정적인 면에서 분리되어 있다 • 상대방의 행동 때문에 내 감정이 이랬다저랬다 하지 않는다.	• 감정적인 면에서 분리되어 있지 않다. • 내 감정은 상대방의 행동과 감정에 따라 많이 흔들리고 내가 통제할 능력을 잃는다.
공간적 분리의 문제	• 공간적 분리 (교회를 떠나거나, 이혼 및 직장 이동)를 하던지 안 하던지, 감정적으로 조절이 가능하고, 상대방 때문에 심하게 흔들리지 않는다.	• 공간적 분리 (교회를 떠나거나, 이혼 및 직장이동)를 하든지 안 하든지, 감정적으로 억압되어 있다. 즉 떨어져 살아도 감정적 영향을 심하게 받는다.
적대감의 문제	• 근본적으로 용서했기에 상대방을 미워하지 않는다.	• 용서하지 못한 상태에 있기에 미워하고 적대감을 갖고 있다.

도망을 택한 사람은 상황에 쫓기어 강제로 떠나게 된 사람이며, 분리의 과정에서 생긴 많은 상처와 감정 때문에 어둠 속에 자신을 내버려두어 심각하게 고통을 받는 사람이다. 그래서 이들은 자신의 미래 속으로 옮겨가지 못하고 과거의 억압적 상황 속에 계속 머무는 모습을 보인다.

그와는 반대로 **감정분리**를 택한 사람은 **분리**가 최선의 선택이라는 확신 속에서 의지적으로 선택한 사람이며, 분리의 과정에서 받은 상처 때문에 고통을 받고 있더라도, 상대방을 용서하고, 미래의 삶으로 발걸음을 옮겨 놓은 사람이다.

그러므로 우리는 교회나 직장을 인간관계 때문에 떠나거나 이혼한 사람들에 대해서 일방적으로 판단하고 정죄할 수 없다. 왜냐하면 이들에게는 **분리**가 최선의 방법일 수가 있으며, 자기 자신뿐만 아니라 주위사람들이 행복해질 수 있는 방법을 믿음으로 선택하였기 때문이다.

우리 주변에는 공간적으로 자신을 분리하여 교회를 떠나가는 사람이 있을 뿐만 아니라, 이혼을 한 후에라도 계속해서 분노를 삭이지 못하고 어떻게 해서든지 원수 갚는 일에 초점을 맞추어 살아가는 **도망**자의 상태로 사는 사람들을 볼 수 있다.

그런가 하면 공간적으로 분리한 후에라도 과거에 얽매어 살지 않고 자신과 공동체의 건강과 행복에 초점을 맞추어 살아가는 사람들이 있다. 성경에서는 이렇게 **감정분리**를 선택하여 건강하게 살다간 신앙의 조상들의 이야기를 많이 찾아볼 수 있다. 그 중 대표적인 인물들로 다윗과 요셉을 들 수 있다.

✄ 제 5과의 핵심내용 ✄

감정분리란 **직접대화**와 **중재** 등을 통해 관계회복을 이루려고 최선을 다했음에도 불구하고 성공하지 못했을 때에, 갈등 상황으로부터 스스로를 *감정적으로 분리*할 것을 의지적으로 선택하는 것이다. 관계회복을 위해 계속 기도하며 인내하지만, 한편으로는 자신의 삶의 긍정적 목표에 초점을 맞추고 건강하게 살아가는 방법을 말한다.

✄ 핵심 성경구절 ✄

왕은 내 생명을 찾아 해하려 하시나
나는 왕에게 범죄한 일이 없나이다.
여호와께서는 나와 왕 사이를 판단하사
나를 위하여 왕에게 보복하시려니와
내 손으로는 왕을 해하지 않겠나이다
(사무엘상 24:11b-12).

묵상과 대화를 위한 질문

1. 각자의 삶 속에서 **감정분리**의 경험을 이야기해 봅시다.

2. **감정분리**를 잘 하지 못하는 사람들에게 당신은 어떠한 지혜를 나누어 줄 수 있습니까?

제 6 과
교회법

　　많은 사람들이 교회에 규율 혹은 법이 있다고 하면 의아하게 생각한다. 우리는 교회에서 행해지는 악행에 대해서 속상해 하고 당황하면서도 그들을 그냥 내버려 둘 수밖에 없지 않느냐고 말한다. 심지어는 그들이 어떠한 행동을 하건 무조건 넘어가 주어야 한다고까지 말한다. 우리는 어떻게 하다가 공동체에 피해를 입히는 행동에 대해 왜 이러한 태도를 가지게 되었을까?

　　그 이유는 우리가 교회공동체를 **용서**와 **사랑**의 공동체라고 생각하면서 **용서**와 **사랑**에 대해 잘못 이해하고 있기 때문이다. 즉 성경에서는 **용서**와 **사랑**이 하나님의 성품 중 가장 고귀한 성품이며, 하나님을 따르는 자들이 그것을 습득하고 실행해야 할 귀중한 덕목이라고 말하고 있다. 하나님의 **용서**와 **사랑**이 성경적으로 이루어진다면 잘못을 행하는 자들이 그 길에서 돌이키는 **회개**가 일어나고, **관계회복**이 성취되며, **기쁨**이 생겨나고 **자유**를 누리게 되는 열매들을 볼 수 있게 될 것이다. 이것은 그리스도를 통해 나타나신 하나님의 **사랑**과 **용서**를 통해 우리가 새 사람이 되고 공동체 회복을 경험하며, **자유**와 **기쁨**을 누리게 된 것을 통해 이미 잘 알고 있다. 만일 우리 가운데 이러한 열매들이 나타나지 않는다면 우리는 성경에서 말하는 진정한 **용서**와 **사랑**을 실행하고 있지 않다고 보아야 한다. 즉 우리가 교회에서 잘못된 행동을 일삼는 자를 그냥 내버려 둔다면 교회 내에서 희생자는 더욱 늘어날 것이고, 관계는 더욱 파괴될 것이며 결국 교회는 구원공동체로서의 기능을 상실하고 말 것이다. 그렇기 때문에 사람을 무조건 용서해 주고 내버려 두는 것이 사랑이라고 보는 것은 성경적으로 볼 때 잘못된 것이다.

　　성경에서 말하는 진정한 **용서**와 **사랑**은 **회개**를 일으키며, **관계회복**을 가져오고, **기쁨**과 **자유**의 열매를 맺게하는 행동을 말한다. 이것은 **교회법**과 **회복의 사역**을 통해서 이루어질 수 있다. 즉 어렵고 힘들지만 **교회법**을 준수하여 허용 가능한 경계선에 분명한 선을 긋고 각자가 자기의 책임을 지게하며, 부서진 관계는 **회복의 사역**으로 다시 세울 수 있어야 개인과 공동체를 살리는 구원의 역사가 일어나게 되는 것이다. 이제 우리는 이 과에서 **교회법**에 대해 더 자세히 알아보기로 하자.

성경은 교회법에 대해 무엇이라고 말하는가?

사도 마태는 교회 내에서 사람들간에 갈등이 생길 때 **직접대화** 및 **중재**를 통해 서로간의 화해를 이루어 보라고 권고한다 (마태복음 18:15-17). 그런 후에도 갈등이 해결되지 않을 때에는 **교회법** (Church Discipline)에 호소하고, 교회법도 통하지 않으면 **회복의 사역**으로 넘어가라고 말하고 있다:

[직접대화]
네 형제가 죄를 범하거든 가서 너와 그 사람과만 상대하여 권고하라 만일 들으면 네가 네 형제를 얻은 것이요 (18:15).

[중재]
만일 듣지 않거든 한두 사람을 데리고 가서 두세 증인의 입으로 말마다 확증하게 하라 (18:16).

[교회법]
만일 그들의 말도 듣지 않거든, 교회에 말하고 (18:17a).

[회복의 사역]
교회의 말도 듣지 않거든 이방인과 세리와 같이 여기라 (18:17b).

위의 구절에 의하면 **교회규율**이란 갈등이 생겼을 때 **직접대화** 및 **중재** 등으로 대응하였으나 해결되지 않고 죄악된 행위가 계속 될 때에 적용하는 방법이다. 물론 우리는 **교회법**으로 넘어가기 전에 **감정분리**를 통해 기도와 인내로 관계적 변화를 도모하는 방법이 있음을 이미 잘 알고 있다. 이 경우 각 개인은 분별력과 정직성을 가지고 자신의 상황을 잘 판단하여 언제든지 **교회법**으로 넘어갈 수 있어야 한다. 그런데 위의 구절에 따르면 **교회법**으로도 갈등이 해결되지 않을 때가 있음을 알 수 있다. 즉 어떤 사람이 "교회의 말도 듣지 않을 때"가 있다는 것이다. 이럴 경우에는 **회복의 사역**으로 대응하라고 되어 있다. 이제 우리는 **교회법**에 대해 좀 더 자세히 알아보기로 하자.

교회법의 적용, 목적, 그리고 위험성

교회법의 적용 대상

교회법은 대화를 통해 해결점을 찾는 것이 불가능한 상황에서 가해자의 잘못된 행동이 계속되고, 교회 내의 피해가 증가하며, 무질서해지고, 교회가 더 이상 구원공동체로 제대로 기능할 수 없을 위험에 빠질 때에 교회의 공적인 힘으로 그러한 행동에 제약을 가하는 것을 말한다.

따라서 **교회법**을 적용하는 대상은 교회 내의 형제자매에게 죄를 범한 후, 직접대화와 중재 등에도 불구하고 돌이키지 않는 자를 말한다. 다시 말하면 교회법의 대상은 **돌이키지 않는 가해자**이다. 하나님과의 관계가 살아 있고 복음의 은혜에 감사하는 성도라면, 심각한 중재를 통해 대화할 때에 어느 정도 타협의 지점을 찾아서, 자신의 잘못은 시인하고 사과하며 용서를 구하고 상대방의 이야기도 이해할 수 있어야 한다. 그런데 진지한 중재에도 불구하고, 자신의 잘못을 인정하지 않거나 상대방의 잘못된 점만을 계속 비난하는 자라면 더 이상 대화로 그를 움직일 수 없음을 알 수 있다. 바로 이러한 자들에게 **교회법**을 적용하는 것이다.

성경에 있는 교회법 적용의 예

성경에서 **교회법**을 적용한 구체적인 예를 찾아볼 수는 있지만, 흔하지는 않다. 아직 초대교회가 생겨난 지 얼마 되지 않았기에 갈등에 대한 제도적 대응이 세워지고 실행될 시간이 충분하지 않았기 때문이다.

사도 바울이 고린도교회의 음행하는 자들에게 거듭된 회개의 촉구에도 귀를 기울이지 않고 계속 불순종할 때에 적용하겠다는 증거를 볼 수 있다.

> 또 내가 *다시* 갈 때에…내가 *전에 죄를 지은* 여러 사람의
> 그 행한 바 *더러움과 음란함과 호색함을 회개하지 아니함*
> 때문에 슬퍼할까 두려워하노라 내가 이제 *세번째* 너희에게
> 가리니 두세 증인의 입으로 말마다 확정하리라…전에 죄 지은
> 자들과 그 남은 모든 사람에게 미리 말하노니
> *내가 다시 가면 용서하지 아니하리라*
> (고린도후서 12:21-13:2; 참조 고린도전서 5:1-5).

사도 요한이 교회 내에서 이단활동을 벌이고 있던 **적그리스도들**을 쫓아낸 것을 언급한다.

아이들아 지금은 마지막 때라 적그리스도가 오리라는 말을
너희가 들은 것과 같이 지금도 많은 적그리스도가 일어났으니
그러므로 우리가 마지막 때인 줄 아노라 *그들이 우리에게서
나갔으나* 우리에게 속하지 아니하였나니 만일 우리에게 속
하였더라면 우리와 함께 거하였으려니와 그들이 나간 것은 다
우리에게 속하지 아니함을 나타내려 함이니라 (요한1서 2:18-19).

교회법의 목적

교회법을 실행하는 목적은 교회의 존재 목적, 즉 사랑과 구원을 베
푸는 공동체로 남아 있기 위함이다. 교회는 구원받은 자들의 공동체일 뿐만
아니라, 교회 밖에 있는 자들에게 구원의 능력을 소개해 줄 책임이 있는
공동체이기도 하다. **교회법**을 시행하는 목적은 가해자에게는 책임을 질
수 있는 기회를 주고, 피해자에게는 상처를 치유할 수 있단 기회를 주는
것이다. 이러한 과정이 살아 있다는 것을 사람들이 보게 되면 교회가 구
원의 능력이 있다는 것을 알게 되고 교회에 희망을 갖게 된다. 이러한 능
력을 증거할 때에 성도들은 교회공동체를 더 신뢰할 수 있고, 대화로 갈
등을 풀겠다는 의지를 더 갖게 된다. 이러한 많은 것들이 모여 교회공동
체를 한 몸으로 묶어주고, 분열의 위험으로부터 멀어질 수 있게 된다. 성
경은 바로 이러한 교회의 모습을 통해 하나님이 온 세상을 구원하시려고
한다고 말한다. 즉 아래의 구절에서 말하는 것처럼 교회가 하나가 되는
모습을 보일 때 *세상 사람들이* 하나님이 그들을 사랑하여 예수 그리스도를
보내셨다는 것을 *알 수 있게 된다고* 말하는 것이다:

곧 내가 그들 안에 있고 아버지께서 내 안에 계시어
그들로 온전함을 이루어 하나가 되게 하려 함은 아버지께서
나를 보내신 것과 또 나를 사랑하심 같이 그들도 사랑하신 것을
세상으로 알게 하려 함이로소이다 (요한복음 17:23).

교회법 실행의 위험성

교회법을 실행해야 할 단계이면 이미 교회 내의 감정적 대립과 그로
인한 상처가 매우 깊이 진전되어 있다고 볼 수 있다. 즉 갈등의 발전 중에서
거의 마지막 단계에 다다른 것이다. 이런 상황에서 **교회법**을 적용한다고
하면 당사자들은 마치 자기들을 향하여 교회가 전쟁을 선포하는 것처럼
받아들일 수 있다. 그렇기 때문에 이것은 언제나 최후 수단일 때에만 사
용해야 하는 것이다.

교회법의 실행을 일상화한다는 것은 매우 위험하다. 이것은 마치 평상시에 작은 질병을 독약으로 치료하는 것과도 같은 것이다. 또한 이것은 평소에 **대화**와 **중재**로 관계회복을 위해 노력해야 하는 교회의 사명을 저버리는 행위이기도 하다. 교회는 사랑과 용서의 공동체로 남아있을 때에 그 정체성을 유지할 수 있다. 그것도 할 수만 있으면 공권력의 사용을 자제하고 인격적 차원에서 **사랑**과 **용서**를 실행할 때에 진정한 복음의 능력을 증거하는 교회가 될 수 있는 것이다. 따라서 **교회법**의 일상화를 막아야 하며 평소에 대화 능력과 중재 능력을 강화할 수 있어야 한다.

교회법을 적용할 때 누군가를 정죄하고 벌을 주기 위해서 사용하든지, 상대방을 이기기 위해 사용하는 것은 잘못된 것이다. 이것은 생명을 죽이는 결과를 가져온다. **교회법**은 어떤 경우든지 사람들을 사랑하는 마음으로만 적용해야 한다. 그럴 때에만 원래의 목적을 달성할 수 있게 된다.

그러므로 **교회법**은 엄격한 영적 훈련과 지도력에 따라 조심스럽게 적용되어야만 한다. 그렇지 않으면 오히려 교회로서의 정체성을 잃어버리게 될 위험성이 있는 것이다.

현대의 교회법 적용의 예

다음의 이야기는 실제로 있었던 일이다. D씨는 교회의 중직을 맡고 있었고 사회적으로도 존경받는 치과의사였다. 가정생활도 모범적이었고 교회일도 효과적으로 잘 감당하여 교회에서 적지 않은 영향력을 갖고 있었다. 그러나 언제부터인가 몇 달간 그가 교회 밖의 여성과 바람을 피우는 것이 자주 목격되었다. 교회의 다른 중직들이 직접 대면하여 그만둘 것을 권면하였으나 듣지 않았다. 목사님의 권면도 무시하면서 교회를 계속 출석하였다. 그러나 부인은 더 이상 교회를 출석하지 않게 되었다. 마침내 교회는 그를 중직에서 사임하도록 했고, 당분간 자중하도록 했다. 즉 교회법을 사용하여 그 성도에게 회개할 기회를 준 것이다. 그런데 그는 교회에 대해 화를 내며 교회를 떠나 Y여성과 살기 시작했다.

일반 사회에서 일어난 일이라면 여기에서 공동체의 할 일을 다 했다고 할 것이다. 그러나 교회의 사역은 잃어버린 양에 대한 책임과 사랑으로 이어진다. 즉 한 양을 – 부인과 가족들을 포함하면 여러 양들을 – 잃어버렸으므로, 잃어버린 양을 찾아 나서야 한다. 그것이 바로 마태복음 18장에 나오는 잃어버린 양에 대한 비유가 말하는 교회의 참모습인 것이다. 교회가 교회법을 적용했을 때 다른 사회기관과 다른 점이 바로 **회복의 사역**에 있다. 여기에 대해서는 다음 과에서 더 자세하게 살펴볼 것이다.

✄ 제 6 과의 핵심내용 ✄

1. **교회법**이란 가해자에게 직접대화 및 중재대화를 통해 해결점을 찾는 것이 불가능할 때에 사용하는 것이다. 만일 가해자의 잘못된 행동이 계속되고, 교회 내의 피해가 증가하며, 무질서해 진다면, 교회가 더 이상 구원공동체로 제대로 기능할 수 없게 된다. 이 때에 교회의 공적인 힘으로 그러한 행동에 제약을 가하는 것을 말한다.

2. **교회법**의 목적 및 적용 위험성
목적: **교회법**을 실행하는 목적은 사랑과 구원 능력이 있는 공동체로서의 교회의 정체성(identity)을 지키기 위함이다. 피해자에게 적절한 치유와 소망을 주고, 가해자에게 회복할 수 있는 기회를 줌으로써 사랑과 구원의 기능을 하는 것이다.
위험성: **교회법**을 엄격한 영적 훈련과 지도력에 따라 조심스럽게 적용하지 않으면 오히려 교회의 정체성을 잃어버리게 될 위험성이 있다

✄ 핵심 성경구절 ✄

너는 권고를 들으며 훈계를 받으라.
그리하면 네가 필경은 지혜롭게 되리라
(잠언 19:20).

묵상과 대화를 위한 질문

1. 각 교단(감리교, 장로교, 성결교, 침례교 등)에서 **교회법**이 어떻게 적용되고 있는지 함께 이야기해 보십시오.

2. 예수께서 교회에 **교회법**을 주신 이유가 무엇인지 함께 이야기해 보십시오 (마태복음 18:17).

제 7 과
회복의 사역

제6과에서 언급한 D씨에게 교회의 중직들이 직접 대면하여 여자와의 관계를 끊으라고 권면하였으나 그는 듣지 않았다. 목사님의 권면도 무시하면서 교회에 계속 출석하였다. 그러나 D씨의 부인은 더 이상 교회에 출석하지 않았다. 마침내 교회는 그를 중직에서 사임시켰고, 당분간 자중하도록 했다. 즉 교회법을 사용하여 그 성도에게 회개할 기회를 준 것이다. 그러나 그는 교회를 떠나 Y여성과 살기 시작했다.

그가 떠난 후, 교회의 여러 사람이 정기적으로 그의 병원에 환자로 찾아갔다. 교회 소식도 들려주고, 가끔씩 교회에 다시 돌아올 것을 권면하면서 일 년이 지났다. 그를 위해 사랑으로 기도할 수 있는 자들만이 이 사역에 참여하도록 하였다. 일 년 뒤 어느 날 D씨는 그의 잘못을 인정하고 회개하고 교회로 돌아왔다. 그리고 부인에게 용서를 구했다. 어느 정도 시간이 지난 후 부인이 그를 용서해 주었다. 얼마 후 Y여성 역시 교회의 사역에 감동을 받았다고 하면서 기독교인이 되는 것에 관심을 보였다.

성경은 회복의 사역에 대해 무엇이라고 하는가?

교회법은 회복의 사역으로 연결되어야 한다. 성경에서 말하는 회복의 사역에 대해 알아보도록 하자.

회복의 사역은 "교회의 말도 듣지 않는" (마태복음 18:17) 가해자되는 형제자매를 사랑과 인내로 다시 신실한 성도가 되도록 회복시키는 사역이다. 성령으로 거듭난 성도라고 하여도 범죄할 가능성이 있고 그 문제를 대화와 기도로 풀 수 있도록 도와주어야 한다. 그러나 돌이키지 않는 성도가 있다. 이런 성도들이라고 하더라도 **교회법**에 따라 한시적으로 그의 위치를 제한하거나 회개할 동안 교회를 떠나보낼 수는 있으나 교회의 돌보는 사역은 계속되어야 한다. 바로 이것을 회복의 사역이라고 부른다.

여러 가지 갈등으로 어려움을 겪었던 초대교회들에게 있어서 회복의 사역은 매우 중요했다. 오늘날에도 성도들(목회자들도 포함)의 타락 및 범죄함을 심심치 않게 목격할 수 있으며 교회가 이 갈등에 대해 분명한 원리를 가지고 행동해 주는 것은 매우 중요하다.

회복의 사역의 목적과 실행

회복의 사역의 목적은 가해자에 대한 진정한 사랑을 실천하는 것이다. 교회공동체가 가해자를 사랑하는 것은 그의 잘못을 눈감아 주는 것도 아니며, 그를 포기하는 것도 아니다. 그가 진실을 대할 수 있도록 인도하며, 잘못된 행동을 돌이킬 수 있도록 사랑으로 도와주는 것이다. 이것은 목자가 공동체를 떠난 길 잃은 양을 찾아 나서서, 찾은 후에는 다시 공동체로 데려오는 사랑의 실천인 것이다. 이러한 사랑을 실천함으로써 공동체는 교회로서의 정체성을 지키고 세상에 선포할 수 있는 것이다. 회복의 사역을 어떻게 실행할 것인가에 대해서는 다음의 구절에서 힌트를 얻을 수 있다:

교회의 말도 듣지 않거든
이방인과 세리와 같이 여기라 (마태복음 18:17).

이 말의 뜻은 무엇일까? 그 당시 유대인들이 이방인과 세리를 사람처럼 취급하지 않았다는 것을 잘 알고 있는 현대 독자들은 이 지침을 오해하여 말썽 많은 사람을 교회에서 쫓아내는 것으로 생각할 수가 있다. 그러나 이 지침의 초점은 쫓아내는 것이 아니다. 마태는 예수님이 이 말씀을 직접 하시는 것으로 기록하고 있다 (마태복음 18:1-3 참조). 즉 예수님이 이방인과 세리를 어떻게 대하셨는가를 알아보고, 우리도 "교회의 말도 듣지 않는" 형제자매들에게 어떠한 태도로 다가가야 하는지를 배워야 한다는 것이다.

(1) **복음의 대상으로**: 예수님은 이방인과 세리를 복음을 전해야 할 대상으로 대했다. 즉 아직 예수님이 하나님의 아들되심과 그를 통해 하나님의 나라가 임한다는 복음을 듣지 못해서 믿지 못했던 사람들로 간주하여 그들에게 복음을 전했던 것이다. 누가는 다음과 같이 전한다:

모든 세리와 죄인들이 말씀을 들으러 가까이 나아오니
바리새인과 서기관들이 수군거려 이르되 이 사람이 죄인을
영접하고 음식을 같이 먹는다 하더라 (누가복음 15:1-2).

따라서 우리는 "교회의 말도 듣지 않는" 형제자매를 볼 때에 그들이 믿음의 삶을 떠난 불신자들로 보아야 한다 (로마서 16:17-18 참조). 즉 그들에게 다시 새롭게 복음을 듣고 예수님의 말씀을 따르는 제자로 거듭날 수 있도록 전도해야 하는 것이다.

불륜관계를 계속 고집하며 식구들과 교회에 피해를 끼치고 있던 D씨는 성경의 가르침을 저버렸다. 무엇이 하나님과 이웃들 앞에 죄가 되는지 분별하지 않고 자기의 욕망만 생각했던 것이다. 이 사람이 한 때 신앙을 가지고 있던 사람이라고 할지라도 이 정도로 교회의 가르침에 정면으로 도전할 때에는 이 사람의 신앙상태를 염려할 수밖에 없는 것이다. 그는 성경이 가르치는 사랑과 믿음의 의미를 다시 한 번 생각해 보아야 한다. 즉 복음의 진정한 의미를 되찾을 수 있도록 이끌어야 하는 것이다.

(2) **친구로**: 예수님은 이방인과 세리를 "친구"로 대하셨다: "인자는 와서 먹고 마시매 말하기를 보라 먹기를 탐하고 포도주를 즐기는 사람이요 세리와 죄인의 친구로다" (마태복음 11:19). 우리도 처벌받은 가해자들을 우리의 친구로 대하여 함께 음식을 나누고 친교를 나눌 수 있어야 한다. 이러한 친교가 그들의 마음을 열게 해주고 교회와 원수가 되기보다는 자기 자신의 행동을 돌아볼 수 있게 해주는 것이 있어야 한다. 이것에 대해서 바울은 데살로니가교회에 보낸 서신에서 다음과 같이 말하고 있다:

> 누가 이 편지에 한 우리 말을 순종하지 아니하거든
> 그 사람을 지목하여 사귀지 말고 그로 하여금 부끄럽게 하라
> *그러나 원수와 같이 생각지 말고 형제 같이 권면하라*"
> (데살로니가후서 3:14-15)

D씨는 많은 사람들에게 상처를 주었다. 속으로 미워하는 사람들도 있었지만, 그의 잘못을 먼저 용서하고 그를 불쌍히 여기는 사람도 있었다. 그래서 많은 사람들이 그를 사랑하는 마음으로 계속해서 그의 병원을 찾아가 주었고 친구가 되어 주었던 것이다.

(3) **죄에 대한 벌이 아니라 그들에게 필요한 것을 채워줌으로**: 예수님은 그들의 죄(악행)에 초점을 두어 벌을 주고 그들을 힘으로 눌러 고치려고 하지 않으셨다. 오히려 그들의 필요에 초점을 맞추셨다. 예수님은 그들이 하나님의 구원공동체에 들어오고 싶어 하는 염원을 보셨다. 그래서 그들을 자기와 동등한 "친구"로 대하며 하나님의 은혜가 그들에게도 임하였다는 것을 느끼게 해주셨다. 그들의 염원을 읽어주고 그들과 함께 있어줌으로써 그들에 대한 하나님의 사랑을 느끼게 해 준 것이다. **회복사역**을 감당하는 자들이 이러한 태도를 배워 "교회의 말도 듣지 않는 자"들을 섬겨야 할 것이다.

엠마오로 가던 제자들을 회복시키신 예수님[1]

예수님이 돌아가시자 몇몇 제자들은 예루살렘을 떠났다. 예루살렘으로부터 도망치고 있었다. 이들은 나름대로 거대한 로마정부와 유대 종교지도자들의 권력의 **희생자**가 되었다고 느꼈을 것이고, 개인적으로는 예수님을 버리고 떠났다고 하는 **가해자**로서의 죄 의식도 있었을 것이다. 어찌되었든 이들은 상처를 주고받으며 공동체를 떠난 사람들이었기에 회복의 사역이 필요한 사람들이었다. 이 제자들에게 예수께서 찾아가셔서 이들의 신앙을 회복시키고 다시 공동체로 돌아올 수 있도록 도와주셨다. 예수께서 보여주신 회복의 사역을 순서대로 적어보면 아래와 같다.

(1) 그들에게 *먼저 다가가신다,*

예수님은 엠마오로 가고 있던 제자들에게 먼저 찾아가 주셨다 (누가복음 24:13-15). 공동체를 떠나는 이유에는 여러 가지가 있다. 상처를 받았거나 죄의식이 있거나 더 이상 공동체에 머물러 있을 수 없기 때문에 떠나는 것이다. 즉 공동체에 대한 믿음과 소망을 잃었기 때문에 떠나는 것이다. 이렇게 떠나는 자들에게 먼저 찾아가 주는 발길이 중요하다. 예수님은 99마리의 양을 놓아두고 잃어버린 한 마리의 양을 찾아 나서는 목자이시다. 그 비유 그대로 예수님은 이 두 제자를 먼저 찾아가 만나신다.

(2) 그들의 이야기에 귀를 기울여 *경청하신다,*

떠난 자들은 공동체에 대한 나쁜 기억들에 사로잡혀 있다. 예수님은 엠마오로 가던 제자들에게 조용히 찾아가 그들의 이야기를 들어주셨다. 그들은 예수님을 아직 알아보지 못했지만 예루살렘에서 있었던 슬픈 이야기를 그에게 하였다. 그들은 아직도 슬픈 마음으로 가득차 있었다. "두 사람이 슬픈 빛을 띠고 머물러 서더라" (누가복음 24:17). 그뿐 아니라 예수님에 대해 가졌던 **희망이 사라진 것**에 대해서도 다 털어놓았다 (24:21). 그리고 그가 부활했다는 여인들의 증거에 대해 **의심**하고 있음을 비추었다 (24:22-24). 떠난 자들의 마음을 회복시키는 데에 있어서 두 번째 해야 할 일은 예수께서 하신 것처럼 그들의 이야기를 잘 들어주는 것이다. 그런데 많은 경우에 사람들은 공동체를 떠난 사람들을 찾아가 자기들이 하고 싶은

---

[1] 이 부분의 기본틀은 다음의 책에서 얻은 것이다: Robert J. Schreiter, The Ministry of Reconciliation: Spirituality & Strategies (Maryknoll, New York: Orbis Books, 1998), 40-51.

이야기를 먼저 하고 그들이 그 말을 듣고 마음을 돌이키길 기대한다. 그러나 떠난 자들이 먼저 자기들의 이야기를 하고 그 이야기를 누군가가 경청해 주었다는 확신이 없는 한 다른 사람들의 말을 들으려고 하지 않게 된다. 이들을 돌이키기 원하는 자들은 그들이 일어난 일들을 어떤 시각으로 보고 있는지 먼저 들어주고 이해해 주는 것이 매우 중요하다.

(3) 일어난 일들을 *다른 각도에서도* 볼 수 있도록 도와준다.

예수님은 제자들이 한 이야기를 *다시* 말하여 주면서 다른 시각을 제시해 주셨다 (누가복음 24:25-27). 예수님에 대한 이야기들을 예수님 개인의 이야기로서가 아니라 모세와 선지자들을 통해 하나님께서 준비한 인류 구원의 이야기로 지평선을 바꾸어 말씀해 주셨다. 피해자 시각의 이야기가 가졌던 부정적(패배적이고 파멸적인)인 요소들을 제거하면서 하나님의 계획 안에서 부활의 소망과 영광이 있다는 것을 보여주신 것이다. (누가복음 24:25 절에서 "미련하고 … 더디 믿는 자들이여!" 라고 말씀하신 것은 그 당시 화법으로 설명하면 제자들에게 분노를 쏟아 붓는 것이 아니고, 제자들의 주위를 효과적으로 새롭게 바꾸기 위해 선생의 입장에서 사랑하고 아끼는 제자들에게 할 수 있는 말이다).

(4) 그들을 무조건 사랑하시고 "은혜"를 체험할 수 있게 하신다.

예수님은 무조건 제자들을 사랑하셨고 은혜를 체험하게 해주셨다. 즉 그들에게 먼저 찾아가시고, 시간을 내어 그들의 이야기를 들어주시고, 나의 필요보다는 그들의 필요에 더 초점을 맞추어 주시었다. 이런 행동 들이 제자들 입장에서는 이유 없이 받는 사랑이었다. 이러한 행동들을 통해 관계가 형성되었고 제자들은 예수님을 떠나가지 못하게 붙들었다. 이러한 경험이 그들의 마음을 보다 더 열게 해주는 것들이다.

(5) 공동체의 아름다움을 기억할 수 있는 상황을 만들어 주신다

예수께서는 제자들이 떠나지 못하게 붙들자 그들과 함께 머물며, 그들과 함께 음식을 잡수셨다. 예수님과 제자들을 하나로 만들어 준 **주의 성찬**을 함께 나눈 것이다: "그들과 함께 음식 잡수실 때에 떡을 가지사 축사하시고 떼어 그들에게 주시니" (누가복음 24:30). 이 기억이 제자들의 눈을 뜨게 하여 주님을 알아보고 주님이 진정으로 다시 살아나서 그들을 방문했다는 것을 깨닫게 된 것이다. 이 깨달음이 예루살렘에 있었던 모든 사건들을 다시 바라보게 했고 다시 예루살렘으로 돌아가게 해주었다 (누가복음 24:33).

✗ 제 7 과의 핵심내용 ✗

1. **회복의 사역**이란 교회의 말도 듣지 않는 **가해자**되는 형제자매
   (마태복음 18:17)를 사랑과 인내로 다시 신실한 성도가 되도록
   회복시켜 주는 사역이다.
   - 그들을 불신자로 생각하고 계속 사랑으로 복음을 전한다.
   - 그들을 친구삼아 찾아가고 함께 시간을 보낸다.
   - 그들의 잘못을 드러내고 야단치기보다는 그들이 필요로
     하는 것이 무엇인지 도와준다
2. 여러 가지 이유로 공동체를 떠난 사람들을 다시 돌아오게 하는
   회복의 사역이 필요하다
   - 그들에게 먼저 다가간다.
   - 그들에게 귀를 기울여 경청한다.
   - 일어난 일들을 다른 각도에서 볼 수 있도록 도와준다.
   - 그들을 무조건 사랑하고 "은혜"를 체험하게 한다
   - 공동체의 아름다움을 기억할 수 있는 상황을 만들어 준다

✗ 핵심 성경구절 ✗

내 형제들아 너희 중에 미혹되어 *진리를 떠난 자를*
누가 돌아서게 하면 너희가 알 것은 *죄인을 미혹된 길에서*
돌아서게 하는 자가 그의 영혼을 사망에서 구원할 것이며
허다한 죄를 덮을 것임이라 (야고보서 5:19-20).

묵상과 대화를 위한 질문

1. 현재 여러분의 교회에서 회복의 사역이 필요한 대상은 누구입니까?

2. 여러분의 교회에서 회복의 사역을 어떻게 하고 있습니까?

3. 회복의 사역의 열매를 맺지 못한 경우 무엇이 가장 큰 장애였습니까?

4. 다음의 이야기는 실제로 **회복의 사역**을 경험해 본 성도가 쓴 것이
   읽어보고 다 함께 질문에 답해 보자.

"회복의 사역을 해나가는 동안 모든 단계가 다 어려웠지만,
그 중 가장 어려웠던 것은 세 번째 단계인 "그 사람의 상처받은
이야기를 다른 각도에서도 조명해 볼 수 있다는 가능성을 이야
기해주는 것"이다. 실제 현실의 상황과 그 뒷면에 있는 이야기를
이해하기란 그리 쉽지 않다. 그렇다고 나의 경험만을 나누기도
많은 제한이 있음을 느낀다. 이런 상황에서 다른 사람들의 부정
적인 삶의 이야기에 어떻게 대응해야 하는지 답답할 때가 많다.

나의 경험에 의하면 내가 힘든 상황에 있을 때, 어떤 자매가
내게 다가와 자기의 경험을 이야기 했지만, 그 때는 내 마음이 닫
히면서, "당신은 당신이야. 나는 나야" 하며 저항하는 것을 느꼈다.

사실 하나님과의 관계가 분명한 사람들은 그 자신이 주님과
또 다른 방법으로 자신의 문제를 좀 더 쉽게 풀어가지만 하나님을
알지도 못하고 자신에 대해서도 혼돈스러운 자들에게 성경에
있는 희망과 소망의 메시지를 전하려고 시도하면 그들이 매우
부담스럽게 받아들이는 것을 느낀다.

그러면서 배운 것 한 가지는 어떤 사람을 위해 회복의 사역
을 하는 중 또 다른 사람 – 즉 제3의 상처받은 사람 – 의 마음이 어
떤지, 또 그 사람이 왜 그렇게 행동하는지 이해하게 될 수도 있
다는 것이다. 따라서 회복의 사역은 직접적인 결과를 당장 얻는
다기보다는 오랫동안 다각도에서 시도하는 중에 내 자신의 이해
하는 능력이 성장하게 되고, 그 결과 생각지도 않은 곳에서 기대할
수 없었던 방법으로 뜻밖의 좋은 열매를 거두게 된다는 것이다.

두 번째로 어려웠던 것은 "그에게 무조건적인 사랑을 베풀
어 은혜를 경험하게 하는 네 번째 단계"이다. 나도 하나님의 무
조건적인 사랑을 경험하고 살지만 인간의 제한성을 가진 나로서
많은 시간과 물질과 내 생각들을 이기적인 나에게 기준을 두고
생각하고 결정할 때가 많다.

나의 필요보다는 상대방의 필요를 채우기 위해 인내하며
그의 이야기를 들어야 하는데 똑같은 말을 반복하면 급한 마음에
(지금 내가 생각하고 있는 바를 놓칠까봐) 상대방의 말을 끊고
내가 하고 싶은 결론을 성급하게 말한다.

　　무조건 들어주고, 그 자신이 하나님의 은혜를 체험하고 끊임없는 주님의 사랑을 경험할 수 있게 해야 하는데 거기에 내 자신이 그 문제를 해결해 보려는 오만함의 모습이 있다. 무조건적인 사랑의 모습이 아니라 문제 해결사와 같은 모습이다.

　　내가 가지고 있는 제한된 사랑이 아니라, 주님이 주시는 풍성한 사랑을 내가 먼저 경험하고 그 사랑에 감격을 가지고 인내하고 사랑해야 하는 것을 배우게 된다.

　　회복의 사역은 많은 시간과 인내를 요구하는 사역이지만, 하나님이 나를 몇 십 년씩 기다려 주신 것처럼, 많은 사람들이 나를 위해 기도하며 기다려 주는 것처럼, 빚진 자의 심정으로 해야 할 우리의 사역인 것 같다. 그러나 너무나 많은 사람들이 내 눈에 보여 어떻게 해야 할지 모르겠다. 그래서 포기하고 싶을 때가 많다. 많은 사람들이 사랑을 먹고 싶어 고함치는 것 같다. 귀를 막고 숨어버리고 싶기도 하다. 그런데 그들을 보면 너무나 안타까워서 외면하기가 미안하다. 그래서 오늘도 그들에게 다가가는 것 같다. 너무나 부족해서 넘어질 때가 많지만 그래도 노력할 것이다. 주님의 인도하심을 믿으며..."

1. 위의 이야기 중에서 동의할 수 있는 점들은 무엇입니까?

2. 위의 이야기 중에서 새롭게 깨닫고 배운 점들은 무엇입니까?

제 8 과
갈등의 요인

　갈등은 기본적으로 아래 그림과 같이 삼층구조로 되어 있다. 이 삼층구조에 대해서는 앞으로 여러 과에 걸쳐 배울 것이다. 이번 제8과에서는 우선 갈등의 **요인**에 대해 자세히 관찰해 보자.

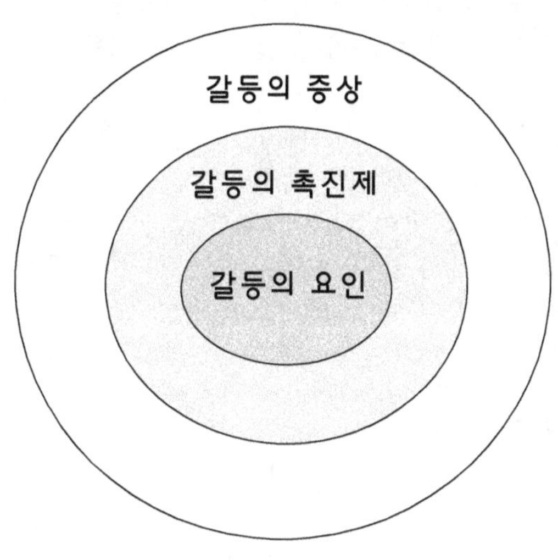

갈등의 삼층구조

　갈등은 여러 가지 **증상**으로 나타난다. 우리는 많은 경우에 **증상**만 보고 사람들을 판단하는 경향이 있다. 초대교회의 첫 갈등 케이스에서 (사도행전 6:1-6), 우리는 성도들간에 "원망" 혹은 "불평불만"이 있음을 알 수 있다 (6:1). 교회 내에서 소수인종이었던 헬라파 유대 과부들이 자꾸 구제품을 받지 못하게 되자 불평하기 시작한 것이다. 그들이 교회 안에서 불평하고 원망하는 것을 겉으로만 보고 판단하면, "그들은 기도가 부족한 사람들이다" "그들은 육에 속한 사람들이다" 라고 말하면서 정죄할 수가 있다. 이것은 갈등의 **증상**만 보고 판단하는 전형적인 예라고 볼 수 있다. **증상**이란 겉으로 드러나는 것으로 갈등의 표피적인 부분을 일컫는 것이다. 우리는 그 **증상** 밑에서 어떤 일들이 일어나고 있는지 이해할 필요가 있다.

헬라파 과부들의 **원망** 속에 가려진 갈등의 **요인**을 살펴보면 제자의 수가 증가했음에도 불구하고, 사역에 따른 **구조적 개편을 이루지 못했다**는 것을 찾아볼 수 있다.

> 그 때에 제자[성도]가 더 많아졌는데...
> (사도행전 6:1).

교회 내에 성도 수가 늘어나면 당연히 그에 따른 구조적 개편이 따라야 한다. 그러나 구조적 개편 없이 옛날 식으로 모든 일을 처리하다가 보니 문제가 발생한 것이다.

또 다른 요인으로서는 헬라파와 히브리파간의 문화적이고 언어적인 차이가 있었다. 그 두 그룹 가운데 소수였던 헬라파들이 소외당하고 있었다는 것이 또 하나의 **요인**이 되고 있었음을 알 수 있다.

따라서 헬라파 과부들의 **원망**이라는 갈등의 **증상**을 해결하기 위해서는 이 두 가지 문제를 함께 풀어주어야 하는 것이다. 초대교회의 지도자들은 먼저 모든 성도들과 의논하였다. 그리고 자신들의 잘못을 가장 먼저 고백했다.

> 우리가 하나님의 말씀을 제쳐 놓고
> 접대를 일삼는 것이 마땅하지 아니하니
> (사도행전 6:2)

사도들은 또한 사역에 따라 효과적으로 일할 수 있는 구조적 개편을 이루었고 (사도행전 6:2-5), 소수그룹의 목소리를 대표할 수 있는 헬라파 니골라를 일곱 집사 중의 하나로 뽑았다 (6:5). 초대교회 공동체는 이렇게 갈등이 일어났을 때에 한 마음이 되어 **갈등의 요인**을 찾고 그것을 함께 해결해 나가는 방법으로 대응했던 것이다.

그런데 초대교회 지도자들이 **요인**을 찾아 해결하기보다 **증상**만 없애려고 했다면 어떠한 방법을 썼을까? 아마도 불평하는 과부들에게 많은 구제품을 주어 일시적으로 그 문제를 무마하려고 했거나, 그들을 신앙 없는 사람들이라고 정죄하면서 괴롭게 하여 결국 스스로 조용히 있거나 내쫓았을 것이다. 우리는 교회나 가정에서 누가 불평하면 불평하는 자의 미숙함을 지적하거나, 어떤 쉬운 방법으로 그 불평을 무마함으로써 문제를 해결하려고 할 때가 있다. 초대교회에서도 구제품을 둘러싼 갈등을 그렇게 풀려고 했다면, 공동체의 생명력을 죽였을 것이다. 사도들은 이러한 방법들을 거부하고, 스스로 책임을 지는 **자성**과 **대화**, **구조적 개편**과 **포용** 등으로 대처하였던 것이다. 그래서 결국 공동체가 더욱 건강하게 자라게 되었고 교회 밖의 사람들이 놀라며 공동체에 합류하는 결과를 만들어 냈던 것이다 (사도행전 6:7).

◆ 생각을 돕는 질문:
  현재 여러분의 가정이나 교회에서 나타나는 갈등의 증상은 어떤 것들이 있으며, 거기에 대해 여러분은 주로 어떤 식으로 반응해 왔습니까?

다섯 가지 영역에서 나타나는 갈등의 요인들

  갈등의 요인은 여러 가지 영역에서 생겨난다. 기본적으로 갈등의 요인은 다른 사람들과 생각과 입장과 목적 등이 달라서 인간관계에 어려움이 생기는 요소들을 말한다. 우리는 다른 사람들과 생각이 달라서 틈(gap)이 생기는 것을 자주 느낀다. 이 틈(gap)을 대화로 적절하게 풀고, 서로 타협점을 잘 찾으면 관계적 문제로까지 발전하지 않게 된다. 그러나 이러한 대화가 잘 이루어지지 않을 때에는 마찰이 점점 심해져서 큰 갈등으로 발전하게 되는 것이다. 크리스토퍼 무어는 갈등의 요인을 다섯 가지 영역으로 분류하고 있다.[1]

---

[1] "중재과정 (Mediation Process)"이라는 책의 60쪽과 61쪽을 보라. 무어는 다섯 가지 영역을 사회학적인 면에서만 접근하고 있다. 필자는 다섯 가지 영역을 성경적으로 설명하면서 어느 정도 그 내용을 확대시켰다. 무어는 첫 번째 영역이 인간적 관계에서 생기는 갈등을 말하지만, 이것을 성경적으로 보면 인간적 관계뿐 아니라 하나님과의 관계에서 생기는 죄의 문제를 다루고 있는 것이다. 다른 영역에 대한 아래의 성서적 설명은 필자가 연구 정리한 것이다. 무어의 책은 다음과 같다: Moore, Christopher W. *The Mediation Process: Practical Strategies for Resolving Conflict.* 2nd ed. San Francisco: Jossey-Bass Publishers, 1996.

1. 인간적 죄의 영역

각 사람이 가지고 있는 부정적 성향 때문에 갈등이 생겨 결국 관계적 위기까지 갈 경우가 있다. 성경에서 이것들을 **죄**라고 부르는데 특별히 다음과 같은 것들이 갈등의 요인이 될 수 있다.

a. 편견이나 고정관념

예를 들어, 유대 기독교인들은 이방인이 성도가 된 것을 받아들이지 못했다. 인종적 편견과 고정관념이 작용한 것이다 (사도행전 10:34-35). 또한 성도들간에 부자와 가난한 사람들간의 편견과 고정관념 때문에 차별하고 벽을 두는 일이 교회 내의 갈등을 일으켰다 (야고보서 2:1-9).

b. 질투 및 욕심

자기에게 속하지 않은 것을 탐내는 것은 이웃들간의 큰 갈등을 가져온다 (출애굽기 20:17). 다른 사람들에 대한 질투나, 물질에 대한 욕심 때문에 도둑질 혹은 살인을 일으키게 된다 (누가복음 12:15; 야고보서 1:14-15). 디모데는 교회 내의 많은 문제들이 돈에 대한 욕심에 뿌리를 두고 있다는 것을 보고 다음과 같이 지적하였다.

> 돈을 사랑함이 일만 악의 **뿌리**가 되나니
> 이것을 탐내는 자들은 미혹을 받아 믿음에서 떠나
> 많은 근심으로써 자기를 찔렀도다 (디모데전서 6:10)

c. 미움, 원한, 어두운 과거 등 부정적인 관계의 역사

살다가 보면 개인적인 원수가 생길 때도 있고, 민족적인 원수가 생길 때도 있다. 이러한 원수관계가 있을 때에 갈등이 생기게 된다 (로마서 12:19). 또한 어렸을 때에 고난을 당했거나 불행한 관계 속에서 살았다면 그것이 **쓴 뿌리**가 되어 자기도 모르게 갈등에 쉽게 휘말리게 되기도 한다 (히브리서 12:15).

d. 무책임감, 교만, 무례, 거짓말 등 개인의 비도덕성

공동체 생활을 하는 사람들 가운데서 자기가 해야 할 책임을 다하지 않고, 일방적으로 다른 사람에게 짐을 지우는 태도는 갈등을 일으키게 한다 (데살로니가후서 3:7-12). 혹은 자신의 친 가족들을 돌보지 않고 개인의 행복만 추구하는 삶도 갈등을 일으키기 마련이다 (디모데전서 5:8). 성경에서는 여러 가지 악한 생활태도들을 열거하며 그것들이 분명히 잘못되었다고 선언하고 있다 (로마서 1:29-32). 그 중에서 특별히 거짓말하는 것을 정죄하는 구절들이 많이 있다 (요한복음 8:44; 사도행전 5:3; 골로새서 3:9).

e. 도박, 술, 마약, 음행 등의 중독증

성경에서는 음행을 분명히 정죄하고 있으며 금하고 있다 (출애굽기 20:14; 잠언 6:32-35; 마태복음 5:27-28; 갈라디아서 5:19-21; 요한계시록 2:22)

인간의 죄의 영역은 다른 네 개의 갈등 요인들보다 그 뿌리가 깊고 역사가 길기 때문에 해결하기가 어렵다. 이것을 해결하기 위해서는 스스로 자신의 문제를 인정해야 한다. 그것이 잘못된 것임을 깨닫고 고치겠다고 결심해야 하는 것이다. 고치는 과정에서 당사자의 의지만으로 부족할 때가 있으므로 주위 사람들의 도움이 요청된다. 필요하면 전문치료 기관에 보내야 한다. 이렇게 돌이키는 과정에 있어서 하나님에 대한 신앙이 있을 때에 진정한 변화가 일어날 수 있다. 인간적 죄의 행동들은 많은 갈등의 뿌리 즉, 요인이 되고 있다. 이 뿌리를 인지하고 하나님 앞에서 철저히 회개하여 고칠 수 있도록 도와야 한다.

2. 정보 전달의 영역

많은 경우에 정보 전달의 과정에서 문제가 생겨 인간관계가 파괴되는 경우가 있다. 구체적인 예로는 아래와 같은 경우들이 있다:

- 정보 전달이 충분히 이루어지지 않은 경우
- 잘못된 정보가 전달된 경우
- 어떤 정보를 어디에 어떻게 전달하는가에 대한 결정 기준에 의견이 다를 경우
- 전달된 정보에 대한 해석이 다를 경우

간단한 정보 전달이 요인이 되어 갈등이 크게 발전되는 경우가 있다. 결코 나쁜 의도로 한 것이 아닌데 내용이 잘못 전달되어 오해를 일으키고 나중에는 큰 갈등으로까지 발전하게 되는 것이다. 예를 들면, 아래와 같다:

- 주보에 내 이름이 빠진 지 한 달도 안 되었는데 이번 주에 또 내 이름이 잘못 인쇄되었다. 사무집사님이 나에게 나쁜 감정을 갖고 있나보다.
- 주소록에 내 아내 이름이 다르게 나왔다. 어떻게 이런 실수를 할 수 있을까? 무슨 의도를 가진 것일까?

이렇게 정보 전달이 잘못된 것에 대해서는 있는 그대로 **실수**로 받아들여야 한다. 속으로 이러쿵저러쿵 별난 상상을 하며 속을 끓일 일이

아니다. 이런 실수는 발견하는 즉시 당장 담당자에게 알려 주어야 한다. 대부분의 경우에는 그 실수를 발견해 준 것에 대해 감사하게 생각하고, 또 미안하다고 이야기할 것이다. 그런데 그 후에도 계속 같은 실수가 반복된다면, 또 다른 갈등이 있다는 것을 감지해야 하는 것이다. 그리고 각 갈등에 적절하게 대화로 풀어나가야 할 것이다.

3. 이익의 영역

물질적 혹은 비물질적 이익을 놓고 의견에 차이가 생겨 인간관계가 위험에 빠지게 되는 경우가 있다. 다음과 같은 경우를 생각해 볼 수 있다.

- 물질의 분배 조정의 차이 (교회 내에서 어느 부서가 얼마나 더 많은 예산을 갖게 되는가 하는 문제).
- 분배된 물질을 어떻게 사용할 것인가에 대한 의견 차이 (각 위원회 내에서 예산을 어떻게 집행할 것인가를 결정하는 문제).
- 비물질적 이익을 다루는 문제 (누구의 명예가 더 올라가는가? 누가 다음에 위원장 자리를 갖게 되는가? 등등)

어느 공동체에서나 이익을 어떻게 나누고, 어떻게 사용할 것인가 하는 이슈 때문에 생기는 갈등이 있기 마련이다. 이러한 경우는 공정하게 각 구성원들을 대표하는 대표자들을 뽑아 회의를 통해 각 구성원들이 원하는 것에 대해 논의하고, 배분원리를 함께 만들고, 원리에 따라 이익이 정당하게 돌아갈 수 있도록 시스템을 만들어야 한다. 이러한 대표적 예가 바로 사도행전 6장에 나오는 구제품 배분의 문제였다. 교회는 영적인 원리가 우선적이기 때문에 물질적인 문제에 대해 소홀히 할 수가 있다. 그러나 물질적인 문제가 어떻게 처리되는가 하는 것은 또한 그 교회의 영적 상태가 얼마나 건강한지 알려 주는 것이다. 그러므로 가정에서건 교회에서건 이익의 문제를 가볍게 보지 말고 진지하게 이슈를 들어주고 함께 해결해 나가야 한다.

4. 구조적 영역

구조적 문제 때문에 교회공동체가 어려움을 겪는 경우가 생각보다 많다. 서로 나쁜 관계에 있는 사람들을 한 위원회나 속회에 넣어 놓으면 일이 어렵게 되고 은혜로운 속회모임을 가질 수 없게 된다. 구조적 문제는 내부적 조직이나 밖의 환경 두 가지로 나누어 볼 수 있다.

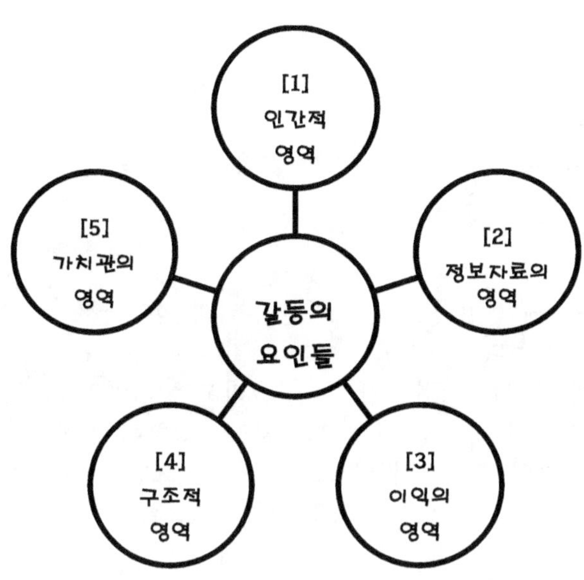

• 다양한 재능과 은사를 효과적으로 사용할 수 없는 구조를 가지고 있을 때: 초대교회에서 사도들이 구제품 나누어 주는 일까지 감당하다 보니, 일을 효과적으로 실행할 수 없었다 (사도행전 6:1-6)

• 일 관계상 불쾌한 만남을 조장하는 구조를 가지고 있을 때: 제 2 차 선교여행을 떠날 때 마가를 신뢰하지 못하는 바울이 함께 데려가길 거부했다. 즉 팀구성의 문제로 갈등이 생긴 것이다 (사도행전 15:36-41).

• 협력을 막는 지형적, 육체적, 환경적 요인이 있을 때: 사도 바울이 개척한 교회가 너무 멀리 있다 보니 자주 찾아가 보지 못해서 오해가 생길 때가 있었다 (데살로니가전서 2:17-18).

많은 경우에 구조적 문제만 잘 해결하면 쉽게 갈등을 해결할 수 있다. 초대교회의 구제품 배분의 문제도 역시 늘어난 성도 수에 맞추어 구조를 잘 정비함으로써 해결할 수 있다. 중요한 것은 구조적 문제가 있을 때에는 아무리 다른 면에서 노력을 기울여도 같은 갈등이 반복될 수 있다는 것이다. 따라서 갈등이 생길 때 구조적으로 해결할 수 있는 문제인지 특별히 주의를 기울여야 한다.

5. 가치관의 영역

각 사람의 생각과 행동양식을 결정하는 가치관이 달라서 인간관계에 문제가 생기는 경우들이다.

- 공동체나 소그룹간 배타적이고 적대적인 목적을 갖고 있을 때
- 신학 및 전통 등의 차이
- 세대간의 차이

가치관 때문에 생기는 요인도 인간적 죄의 영역에서 생기는 갈등처럼 쉽게 해결되지 않는다. 이러한 문제가 생길 때에는 서로의 다른 점을 이해할 수 있도록 충분히 대화해야 한다. 그리고 상대방의 가치관이 폭력적이거나 해를 입히지 않는 한 존중해 주도록 노력해야 한다. 다양하다는 것 자체는 하나님의 창조질서에서도 나타난 중요한 가치이다. 그렇기 때문에 상대방을 나와 똑같이 만들려고 하는 것은 잘못이다. 서로의 장점을 인정해주고 서로에게 이익이 되도록 협력해야 한다. 그러나 관계를 너무 우선시하여 자신의 신앙의 근본적인 것마저 타협해서는 안 된다. 그러므로 성경의 가장 근본적인 복음의 원리를 지키면서 상대방을 받아들여야 하는 것이다.

❧ 제 8 과의 핵심내용 ❧

1. 갈등의 요인은 다섯 가지 영역에서 발견된다.
   - 인간적 영역
   - 정보 및 자료의 영역
   - 이익의 영역
   - 구조적 영역
   - 가치관의 영역
2. 갈등을 건강하게 해결하려면 증상만을 없애려 하지 말고 뿌리 속에 감추어진 요인을 찾아 해결해야 한다.

❧ 핵심 성경구절 ❧

돈을 사랑함이 일만 악의 **뿌리**가 되나니 이것을 탐내는 자들은 미혹을 받아 믿음에서 떠나 많은 근심으로써 자기를 찔렀도다 (디모데전서 6:10).

묵상과 대화를 위한 질문

1. 다음의 여러 가지 성경의 이야기 속에서 갈등의 요인이 다섯 가지 영역 중 어디에 속하는지 생각해 보십시오.
   ① 인간적 영역
   ② 정보 및 자료의 영역
   ③ 이익의 영역
   ④ 구조적 영역
   ⑤ 가치관의 영역

a. 바나바와 바울이 마가(요한)를 선교여행에 데리고 가느냐 하는 문제로 다투었다 (사도행전 15:36-41; 사도행전 13:13-14 참조). 갈등의 요인이 무엇이라 생각하십니까?

b. 야곱은 형 에서와 아버지를 속여 장자의 축복을 받아낸 후 도망하였다 (창세기 27:1-45). 갈등의 요인이 무엇이라고 생각하십니까?

2. 다음의 갈등들은 어떤 영역에서 발생하고 있는지 생각해 보십시오.

a. 목사님의 설교가 너무 정치적이라고 느껴진다.

b. 교회의 중요한 결정이 자기를 빼놓고 이루어진다고 생각된다.

c. 심방에서 자기는 소외되는 것 같다.

d. 성가대는 점심을 주는데, 왜 교회학교 교사에게는 점심을 주지 않는지 모르겠다.

제 9 과
갈등의 촉진제

갈등의 요인이 갈등의 시발점이 된다면 갈등을 촉진시키는 촉진제가 또 있다. 언제든지 갈등을 촉진시키는 역할을 하는 것은 바로 **채워지지 않은 인간의 필요욕구**이다. 인간에게는 삶을 유지하고 행복하게 살기 위해 기본적으로 필요한 것들이 있다. 이러한 인간의 필요욕구가 충분히 채워지지 않았을 때에는 조그만 갈등이 일어났을 때 쉽게 넘어가지 못하고 감정적으로 반응하게 되는 것이다. 그래서 우리는 **채워지지 않은 필요욕구**를 갈등의 촉진제라고 부른다.

아브라함 매슬로는 인간의 필요욕구를 가장 기본적인 육체적 욕구로부터 시작하여 성장의 욕구까지 다섯 단계로 분류하고 있다.[1]

5. 성장
(Actualization)

4. 인정(Status/Esteem)

3. 소속감 (Love/Belonging)

2. 안정감 (Safety)

1. 육체적 필요욕구 (Physiological/Biological Needs)

아브라함 매슬로의 인간의 필요욕구 단계

---

[1] 아브라함 매슬로(Abraham Maslow)는 1943 년에 *A Theory of Human Motivation* 이라는 책을 출판하면서 이 이론을 주장하기 시작했다. 여기에 대해서는 http://en.wikipedia.org/wiki/Maslow%27s_hierarchy_of_needs 에서 찾아볼 수 있다.

(1) 육체적/생리적 욕구 (Physiological/Biological Needs)

인간에게 가장 기본적이면서 꼭 필요한 것들은 육체적, 생리적 욕구들이다. 이것들이 채워지지 않으면 일상생활을 지탱하기 힘들다. 삶이 불행하고 우울하다. 아래에서 보는 것과 같이 숨쉬기가 곤란한 지역에서 산다든지, 화장실 시설이 엉망인 곳에서 살면 조그만 일에도 짜증이 나게 되는 것이다. 교회에 와서도 난방 온방 시설이 잘 작동이 안 되면 예배를 드리기 어려울 때도 있다. 너무 춥거나 더우니까 회의도 하지 못하고 기분이 불쾌하게 되기 쉬운 것이다. 이러한 육체적 생리적 욕구에는 성생활도 포함되어 있어서 부부간에 만족하지 못할 때에 다른 사람들과의 관계도 까다롭게 되는 것을 알고 있어야 한다.

- 숨쉬기
- 물
- 음식
- 배설
- 잠
- 적정온도
- 체온조절
- 성생활

이러한 육체적 욕구들을 무조건 참으라고 해서는 안 된다. 그러한 욕구가 있다는 것 자체를 부정해서는 더욱 안 된다. 그 욕구를 채우고 싶은 욕망이 있다는 것을 부끄럽게 생각해서는 안 되는 것이다.

(2) 안전의 욕구 (Need for Safety/Stability)

사람들이 기본적인 육체적 욕구를 어느 정도 채우게 되면, 삶의 안정을 얻기를 원한다. 늘 갱단의 총소리를 들으면서도 돈이 없어서 이사를 못하고 있다가 마침내 돈이 좀 생기면 보다 안전한 동네로 이사 가고 싶어 하는 것이다. 안전의 욕구에는 육체적 안전만 있는 것이 아니고 아래와 같이 여러 가지가 있다.

- 직업의 안정
- 재정적 안정
- 육체적 안전감
- 도덕적 안정
- 가정적 안정
- 건강상 안정

(3) 소속의 욕구 (Need for Love/Belonging)

어느 정도의 안정감을 갖게 된 사람들은 자기가 원하는 공동체에 속하여 사랑을 받고 싶어 한다. 안정감이 주는 만족으로 행복하지 않기 때문에 그 다음 단계의 욕구를 느끼게 되는 것이다. 그 욕구들은 아래와 같다.

- 공동체의 일원이 되고 싶은 욕구
- 친구들과 가족들로부터 사랑받고 싶은 욕구
- 자기가 원하는 특정한 그룹에 소속하고 싶은 욕구

(4) 인정의 욕구 (Need for Status/Esteem)

자기의 가족이나 교회에서 구성원으로서의 소속감이 확실한 사람들은 그 다음 단계로 넘어간다. 소속의 욕구는 공동체 내의 일원으로서 만족하게 되는 욕구이지만 인정의 욕구는 다른 사람들보다 뛰어나다는 것을 인정받고 싶어 하는 것이다.

- 존경받고 싶은 욕구
- 자기가 한 일의 가치에 대해 인정받고 싶은 욕구
- 자기의 독특한 존재와 재능을 인정받고 싶은 욕구

어느 젊은 목사님이 목회를 시작한 지 얼마 되지 않아서 마태복음 6:1-6절로 설교하면서 우리는 구제하거나 기도할 때 "은밀하게" 해야 하며, 그렇게 하면 사람들은 몰라도 하나님은 다 알아 주신다고 하였다. 그러자 어느 성도님이 찾아와서 "저는 은밀하게 교회를 섬기고 싶습니다. 은밀한 일을 맡겨 주십시오"라고 부탁하였다. 그래서 목사님은 은밀하게 할 수 있는 일을 그 분에게 맡겼다. 일 년 후에 그 성도님은 화가 잔뜩 나서 목사님을 찾아와 다음과 같이 말했다. "아니 무슨 교회가 이래요? 일 년간 정말 열심히 교회를 위해 봉사했는데 아무도 알아 주는 사람이 없어요. 제가 얼마나 열심히 일했는지 관심도 없고, 감사하다고 말하는 사람도 하나 없어요! 이렇게 무관심하고 엉망인 교회는 더 이상 다닐 수 없어요." 이 말과 함께 이 분은 그 교회를 떠났다고 한다.

우리는 사람에게 인정받기 위해 교회를 섬기지는 않는다. 그러나 우리가 한 일을 아무도 알아주지 않는다면 속상하고 화가 날 수도 있다. 교회에서 인정받기를 원하는 것은 모든 인간이 갖고 있는 필요욕구(Human Need)일 뿐이다. 이것을 신앙으로 극복하는 자들은 하나님의 인정으로 만족을 얻지만 그렇지 못한 사람들도 있는 것이다.

(5) 자기실현/성장의 욕구 (Need for Actualization/Growth)

공동체 내에서 어느 정도 인정받는 사람들은 공동체를 뛰어 넘어 더 넓은 세계와 존재들과 연결되고 싶어 하며 자신의 가능성을 최대한도로 실현하고 싶어 한다.

- 최대한으로 자기를 실현할 욕구
- 자기를 초월하여 더 큰 세계/존재와 연합하고 싶은 욕구
- 하나님의 세계 선교에 동참하고 기여하고 싶은 욕구 등

서론에서 언급한 초대교회의 갈등 이야기(사도행전 6:1-7)로 다시 돌아가 보자. 갈등을 촉진시켰던 요소들은 무엇이었는가? 그것은 예수님을 따르기 위해 집을 나와 공동체 생활을 하면서 육체적 생존을 위해 꼭 필요한 것들, 특히 음식(구제품)이 부족하게 된 상황이었다. 배고픔은 사람

들의 인내심을 빼앗아 가버린다. 그리고 교회 밖으로는 적대적인 유대인들과 로마군들의 위협이 있었으므로 안전감(safety)이 채워지지 않았다.

이러한 상황에서는 사람들이 더 민감하고 감정적으로 반응할 수밖에 없다. 그러나 이러한 현실적인 불리함에도 불구하고 성령의 충만한 체험을 통해서 (사도행전 2:4; 4:31) 더 좋은 것으로 많은 필요를 채울 수 있었던 것이다. 즉 하나님으로부터 보호하심(Safety)과 사랑하심을 받았고 (Love), 주님을 위해 능욕받기에 합당한 자로 여기심을 기뻐하였고 (사도행전 5:41; Esteem), 하나님의 사역을 한다는 사명감 (Growth) 등으로 많은 인간적인 필요들이 채워져 있었던 것이다. 이러한 것들이 **갈등의 격감제**로 작용하여, 내부적으로 생긴 갈등에 대해 보다 여유를 가지고 대처할 수 있었던 것이다. 이러한 초대교회 성도들의 모습을 가장 잘 묘사해 주고 있는 구절은 아래와 같다:

주 안에서 항상 기뻐하라 내가 다시 말하노니 기뻐하라
너희 관용을 모든 사람에게 알게 하라 주께서 가까우시니라
아무 것도 염려하지 말고 다만 모든 일에 기도와 간구로,
너희 구할 것을 감사함으로 하나님께 아뢰라
그리하면 모든 지각에 뛰어난 하나님의 평강이 그리스도 예수
안에서 너희 마음과 생각을 지키시리라 (빌립보서 4:4-7).

◆ 생각을 돕는 질문:
현재 성도님은 아브라함 매슬로가 말하는 어느 단계의 욕구가 잘 충족되고 있지 않습니까?
자신을 돌이켜 볼 때, 현재 내가 겪고 있는 갈등이 이런 욕구 충족과 어떠한 연관을 갖고 있다고 생각하십니까?

채워지지 않은 욕구는 갈등의 촉진제: 다윗과 나발의 갈등

다윗과 나발은 서로 오해하고 있었다 (사무엘상 25:1-38). 다윗은 부자인 나발의 재산을 보호하여 주었기 때문에 나발이 다윗에게 고마워하는 줄로 알고 있었다. 그래서 나발이 큰 잔치를 벌이고 있었을 때에 음식을 요구하면 나발이 당연히 기쁨으로 음식을 보내줄 것으로 생각했다. 그러나 나발은 다윗의 요구를 전달한 사환들에게 다음과 같이 말했다:

갈등의 촉진제

다윗은 누구이며 이새의 아들은 누구냐
요즈음에 각기 주인에게서 억지로 떠나는 종이 많도다 내가 어찌
내 떡과 물과 내 양털 깎는 자를 위하여 잡은 고기를 가져다가
어디서 왔는지도 알지 못하는 자들에게 주겠느냐 한지라
(사무엘상 25:10-11).

나발은 다윗의 기대와는 전혀 다르게 다윗의 요구를 거절하였고 이에 대해 다윗은 크게 노하여 자기의 군대를 이끌고 쳐들어가는 상황에 이르렀다 (25:13). 우리는 여기에서 갈등의 요인과 촉진제가 무엇인지 찾아 보자.

먼저 갈등의 요인을 찾아보면 **이익의 영역**에서 시작된 것을 볼 수 있다. 즉 다윗은 자신의 군대가 나발의 재산을 보호해준 **공정한 대가**를 원했으나 나발은 그것을 거절했던 것이다 (25:7-8). 또한 **인간적 영역**에서 볼 때에 나발은 재산에 대한 욕심과 인간적 교만 때문에 다른 사람들에 대한 관대함과 공정함을 잃어버려서, 다윗에게 배신감과 모욕감을 안겨 주었다. 이것으로서 인간적 관계를 손상시킨 것이다.

이러한 갈등의 요인들이 있을 때, 이 갈등을 더 촉진시킨 것들이 있었다. 바로 채워지지 않은 인간의 필요욕구들이었다. 우선 **육체적 욕구**가 채워지지 않았다. 다윗은 자신을 비롯한 수백 명의 부하들이 오랫동안 사울로부터 도망다니고 있었고, 늘 배고픔에 허덕이고 있었던 것이다. 이러한 상태가 갈등을 촉진시켰다. 그 다음으로 채워지지 않은 욕구로서는 **인정의 욕구**를 들 수 있다. 다윗은 그 지역의 치안을 지켜주며 나발의 재물을 보호해 준 공로를 인정받기를 원했으나 나발은 오히려 그의 인격을 무시하였다. 그러자 다윗의 인내심은 한계에 도달했고 분노가 극에 달하게 된 것이다 (25:21-22). 다윗이 자신이 한 일에 대해 인정의 욕구를 채우지 못하게 되었다는 것이 더욱 더 갈등을 촉진시키는 요소가 된 것이다.

다윗과 나발의 갈등은 나발의 아내 아비가일의 중재를 통해 극단적인 비극을 피했다. 아비가일은 다윗을 인정해 주고, 많은 음식을 제공해 줌으로써 악화된 갈등을 많이 격감시킬 수 있었다. 아비가일은 먼저 **육체적 욕구**를 채워 주었다. 즉 풍부한 음식을 마련하여 다윗에게 전달하여 줌으로써 가장 기본적인 문제를 해결해 준 것이다 (25:18, 27). 그 다음으로 아비가일은 다윗이 여호와의 일을 하는 사람이라는 것을 인정해 주고 찬양해 줌으로써 다윗의 상한 자존심을 살려 주었고 **인정의 욕구**를 채워준 것이다 (25:28-31).

✍ 제 9과의 핵심내용 ✍

1. 갈등의 촉진제는 채워지지 않은 **인간의 필요욕구들**이다.
2. 인간의 필요욕구를 매슬로는 다음의 다섯 개로 정리한다:
   - 육체적 욕구　　• 안전/안정의 욕구　　• 소속/사랑의 욕구
   - 인정의 욕구　　• 자기실현/성장

✍ 핵심 성경구절 ✍

주 안에서 항상 기뻐하라 내가 다시 말하노니 기뻐하라
너희 관용을 모든 사람에게 알게 하라 주께서 가까우시니라
아무 것도 염려하지 말고 오직 모든 일에 기도와 간구로
너희 구할 것을 감사함으로 하나님께 아뢰라
그리하면 모든 지각에 뛰어난 하나님의 평강이 그리스도 예수
안에서 너희 마음과 생각을 지키시리라 (빌립보서 4:4-7)

묵상과 대화를 위한 질문

1. 당신이 지난 번에 화를 냈을 때를 생각해보십시오. 다윗처럼 어떤
   필요들이 채워지지 않아서 화를 더욱 내게 된 것은 아닌지 한 번
   생각해 보고 함께 이야기 나누어 보십시오.

2. 당신이 교회에 새로 왔다면 어떠한 필요욕구들을 가지겠습니까?

3. 당신이 교회에 오랫동안 다녔다면 어떠한 필요욕구들을 가지겠
   습니까?

4. 개인적으로 당신은 가정에서 어떠한 필요욕구가 잘 채워지지
   않고 있습니까? 그것에 대해 어떻게 대처하고 있습니까?

제 10 과
갈등의 증상

갈등은 눈덩이와 같다. 산꼭대기에서 굴러 떨어지는 눈덩이는 내려 갈수록 더 커진다. 이처럼 갈등도 시간이 갈수록 더 악화된다. 눈덩이의 속도가 아직 붙지 않았을 때는 어렵지 않게 작은 노력으로도 그것을 멈출 수 있다. 그러나 속도가 빨라져서 깊은 계곡으로 떨어지게 되면 웬만한 노력을 기울여도 눈덩이를 멈출 수 없게 된다. 이 때에는 눈덩이가 부딪 치는 곳마다 큰 피해를 내게 되고 그 파괴력의 희생물이 많아지게 된다. 갈등도 너무 커질 때까지 그냥 내버려 두면 싸움이 크게 번지고 전쟁을 치르게 되어 수많은 희생자를 내게 되는 것이다.

그러나 우리는 커가는 눈덩이의 사이즈와 속도를 관찰할 수 있고 그 에 따라 그것이 어떻게 움직이고 어떠한 피해를 만들어 낼지 어느 정도는 예상할 수 있다. 즉 겉으로 드러나는 갈등의 증상들을 관찰함으로써 갈등이 어느 단계에 이르렀고, 어느 정도의 심각성을 갖고 어느 방향으로 움직이 는지 예상할 수 있게 되는 것이다. 따라서 갈등의 발전 단계에 대해 미리 알아두는 것이 도움이 된다. 그러면 벌어지고 있는 단계에서 할 수 없는 일들보다는 할 수 있는 일들을 붙들고 시간과 노력을 들여 문제를 해결할 수 있게 되는 것이다.

우리는 먼저 성경의 여러 갈등 이야기를 통해 갈등이 발전해가는 단 계들을 관찰해 보기로 하자.

요셉과 형들의 갈등

요셉은 10명의 형들과 갈등관계에 있었다. 아버지 야곱이 요셉을 유 난히 편애하였고, 요셉은 형들을 자기 밑에 두고 다스리는 꿈을 꾼 것을 말하고 다님으로써 형들의 미움을 사게 된 것이다. 둘 사이의 갈등의 증 상들이 어떻게 나타나는지 순서대로 적어보면 아래와 같다:

- **불평불만**: 요셉을 편애하는 아버지 야곱에 대해 형들의 불평불만이 생기다 (창세기 37:4).
- **미움과 시기**: 형들이 요셉을 미워하다 (창세기 37:4, 5, 8).

- **고정 관념화**: 요셉을 "꿈꾸는 자"라고 이름 붙여 부르고 그를 멀리하고 소외시키다 (창세기 37:19).
- **양극화 현상**: 요셉에 대한 적대감으로 형제들이 하나로 뭉쳐 요셉을 해하려고 음모하다 (창세기 37:11, 18-20).
- **공동체 분열**: 요셉을 이스마엘 사람들에게 팔아 애굽으로 보냄으로써 형제가 깊은 적대감 속에서 갈라지게 되었고 요셉은 아버지 야곱과 동생 베냐민과 생이별하다 (창세기 37:25-28).

요셉은 이 상황에서 죽을 수도 있었지만 다행히 르우벤과 유다의 지도력이 아직 살아 있었기 때문에 목숨을 구할 수 있었다 (창세기 37:21-22, 26-27 을 보라).

◈ 생각을 돕는 질문:

내가 우리 가정이나 교회에서 이미 고정관념을 가지고 붙인 이름들은 어떤 것들이 있습니까?

그 이름들을 붙인 것 때문에 공동체가 더 분열되는 쪽으로 진전된 증상들은 어떤 것들입니까?

유대 지도자들과 예수님과의 갈등

유대 지도자들과 예수님은 갈등관계에 있었다. 그들 사이에는 가치관과 목적의 분명한 차이가 있었다. 즉 하나님이 누구이시며, 예수님을 통해 무엇을 이루려고 하는지, 그리고 하나님 나라는 어떠한 곳이며 구원의 백성들은 누구인지 하는 것에 대한 시각적 차이가 매우 컸다. 그들간의 갈등의 증상들을 순서대로 적어보면 아래와 같다:

- **비방과 비판**: 세리와 죄인들과 함께 먹고 마시는 예수님에 대해 비방과 비판을 가하다 (누가복음 5:30, 33; 6:2)
- **분노와 가해음모**: 서기관과 바리새인이 해를 가하려고 음모하다 (누가복음 6:7, 11)
- **고정 관념화**: 예수님을 "세리와 죄인의 친구"라고 이름 붙여 부르다 (누가복음 7:34)

- **심한 논쟁**: 이슈로 정면 대결하는 예수님(누가복음 11:37-52)과 이에 격정적으로 대결하는 바리새인들과 서기관들 (누가복음 11:53-54).
- **권력 싸움**: 바리새인들은 하나님의 나라, 즉 다윗의 새왕국에 대한 관심을 나타내다 (누가복음 17:20).
- **양극화 현상**: 예수님은 제자들에게 바리새인들을 경계시키고 (누가복음 12:1), 대제사장들과 서기관들과 백성의 지도자들은 예수를 죽일 계획을 세우다 (누가복음 19:47).
- **공동체 분열**: 대제사장들과 서기관들이 예수를 잡아 빌라도를 통해 십자가에 못박아 죽이다 (누가복음 22:1, 52; 23:13-23).

갈등의 발전단계에 따라 심해지는 증상들

위에서 본 두 가지의 예에서 갈등이 진행되면서 심화되는 증상들을 정리해보면 아래의 그림과 같다.

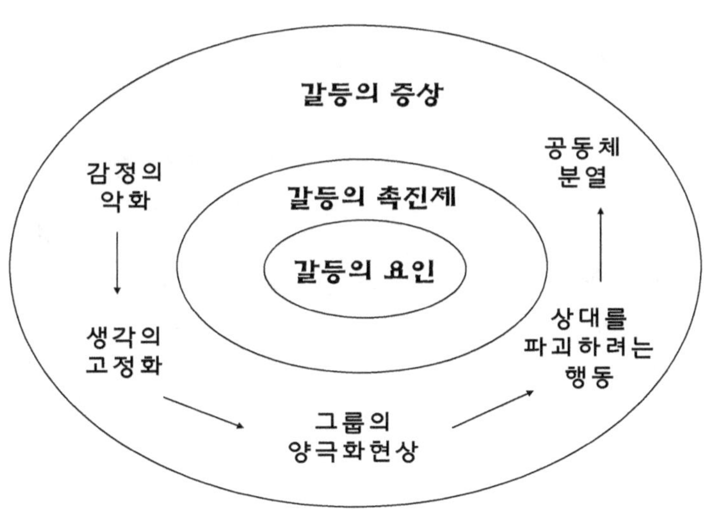

갈등의 발전단계에 따라 심해지는 증상들

즉 갈등의 증상들은 기본적으로 **감정의 악화**에서 **생각의 고정화**를 거치고 **그룹의 양극화**로 진행되면서 **상대방을 파괴하기 위한 행동의 실행** 등으로 나타나고 있다. 그리고 결국은 **공동체의 분열**로 끝나는 것을 볼 수 있다.

◆ 생각을 돕는 질문:

시편 1편에 보면 복 있는 사람은 "악인의 꾀를 따르지 아니"한다고 합니다. 즉 감정을 부추기는 말을 듣지 않는 것이지요. 맞장구치면서 화를 내지 않는 것입니다. 여기서 사실 끊어야 합니다. 만약 이 단계를 넘어가면 "죄인의 길에 서게" 됩니다. 즉 생각이 고정화 되지요. 그 길로 계속 가게 됩니다. 풀밭에 사람이 자주 다니면 길이 나듯이 생각이 한쪽으로 고정화 되면 악인의 길이 생기는 것입니다. 그리고 나면 "오만한 자들의 자리에 앉게" 됩니다. 그룹의 양극화 현상이 벌어지고 상대를 무시하는 입장이 완전히 정리되는 것이지요. 그 이후에 행동이 따르고 공동체 분열이라는 열매를 맺게 됩니다. 그러므로 "여호와의 율법을 주야로 묵상하는 일"을 통해 갈등이 발전되는 것을 수시로 점검하고 중간에 끊어야 합니다. 이렇게 말씀 묵상을 통해 갈등의 발전을 차단하고 승리한 경험을 나누어 보십시오.

갈등의 발전단계에 따른 증상들

스피드 리스 박사는 회중의 그룹 다이내믹을 연구하면서 갈등의 발전단계에 따른 증상들을 정리하였다. 그는 갈등의 발전단계를 다섯 단계로 나누고 각 단계마다 나타나는 행동적 특징들을 분리해 놓았다.[1] 다음의 그래프에서 수평선은 시간을 의미하며 시간이 지날수록 갈등의 정도와 감정개입의 정도가 심해지는 것을 가리킨다. 즉 A → B → C → D → E 점 등으로 갈등이 진행되는 것이다.

---

[1] Speed Leas박사의 Leadership Magazine과의 인터뷰에 잘 요약이 되어있다. 그 인터뷰는 http://home.att.net/~speedleas/Intervw.htm에서 찾을 수 있다. 또한 이 내용에 대한 자세한 설명은 그의 책 *Moving Your Church Through Conflict*, (Herndon, VA: Alban Institute, 1986)에 잘 나와 있다.

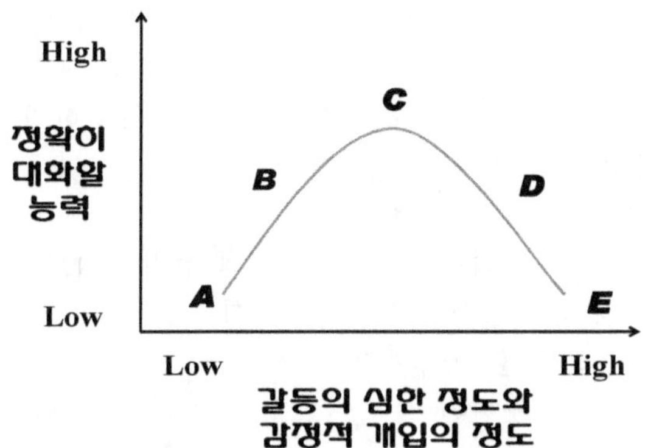

수직선은 위로 올라갈수록 정확히 이해하고 대화할 능력이 많아지는 것을 나타내 주고 있다.

A점: 갈등의 제1단계
- 가장 관심 있는 것은 문제를 푸는 것이다.
- 감정이 있어도 일단은 이슈에 초점을 두고 대화해 보려고 한다.
- 구체적 사건과 특정 행동에 대해 질문한다.
- 초기단계에서는 갈등의 이면적 요인이 드러나지 않기 때문에 피상적으로만 대화하게 되어 정확히 대화할 능력이 높지 않다.

B점: 갈등의 제2단계
- 자기를 보호하려 (self-protection) 한다.
- 자기의 자리와 입장을 변호하는 데 보다 초점을 맞춘다.
- 이슈는 두 번째 문제로 전락한다.
- 사람들의 신실성에 대해 의문을 제기한다.
- 의사소통의 문제점에 대해 불만을 갖는다.
- 언어의 일반화 현상: 즉 구체적 사건이나 시간과 장소를 언급하는 대신 "모든 것" "언제나" "어디서나" 등의 단어를 사용함으로써 그 사람의 잘못된 행동이 이미 일상화된 것으로 취급한다. 이것은 인격적인 공격에 해당한다: "그는 *언제나* 그런 태도야!" "그들이 하는 것은 *모든 것이* 불투명해!"
- 이 단계에서는 자신이 원하는 것을 밝히기는 하지만 아직도 자신의 진정한 목적을 밝히지 않는다. 단지 체면을 유지하면서 자신의 이익을 차리려고 노력한다. 따라서 정확히 대화할 능력이 상승하지만 최대로 올라가지는 못한다.

C점: 갈등의 제3단계
- 가장 관심 있는 것은 힘겨루기에서 이기는 것이다.
- 자기편이 자리싸움에서 이길 수 있도록 운동을 펼친다.
- 상대방의 의도와 목적이 해로운 것이라고 비방한다.
- 상대방의 마음을 읽는 전문가들이 된 것처럼 행동한다.
- 추측을 진실이라고 주장한다.
- 말꼬리를 잡고 그 의미를 왜곡하는 데 주력하기도 한다.
- 공동체가 양극화 현상을 드러낸다. 자기편 하고만 대화하고 반대편과의 대화를 기피한다.
- 이슈와 감정이 표현된 상태이므로 중재자를 통해 대화를 시도하면 효과적이다. 이 시점을 놓치면 관계회복이 어려워지게 된다.

D점: 갈등의 제4단계
- 가장 관심 있는 것은 상대방을 몰아내는 데에 있다.
- 지도자가 떠나고 공동체가 갈라지는 것을 유일한 해결책으로 본다.
- 이슈에 대한 관심을 온전히 잊어버린다.
- 가장 최근에 있었던 모욕을 고발하는 데 온갖 힘을 기울인다.
- 상대방의 사람들이 모두 문제(Problem)로 보인다.
- 감정적인 적대감이 고정화 되면서 대화적 해결에 대해서는 포기하게 된다.

E점: 갈등의 제5단계
- 가장 관심 있는 것은 상대방을 파멸시키는 것이다.
- 상대방을 지구상에서 몰아내는 것이 곧 하나님께로부터 받은 일생일대의 사명이 된다.
- 자기의 입장과 의견은 곧 자기의 신앙고백이다.
- 상대방이 떠난 후에도 끝까지 찾아가 새로 옮겨간 곳에서도 발을 못 붙이게 만드는 것이 하나님의 정의를 실천하는 것이라고 믿고 행동한다.
- 극단적인 행동(폭행이나 살인)도 저지를 가능성이 있다.

스피드 리스 박사가 정리한 갈등의 다섯 발전단계도 역시 성경의 예에서 찾은 갈등의 발전단계와 비슷한 것을 관찰할 수 있다. 갈등의 진행을 여러 가지 증상을 통해 감지하면서 적절히 대응해 나가는 것이 중요하다.

✄ 제 10 과의 핵심내용 ✄

갈등은 그 진행에 따라 다섯 개의 발전단계로 나눌 수 있으며, 단계가 올라갈수록 그 증상이 심화된다.
- 감정의 악화
- 생각의 고정화
- 그룹의 양극화
- 상대를 파괴하려는 행위
- 공동체 분열

✄ 핵심 성경구절 ✄

네 형제가 죄를 범하거든 가서 너와 그 사람과만 상대하여
권고하라 만일 들으면 네가 네 형제를 얻은 것이요
만일 듣지 않거든 한두 사람을 데리고 가서
두세 증인의 입으로 말마다 확증하게 하라.
만일 그들의 말도 듣지 않거든 교회에 말하고 교회의 말도 듣지
않거든 이방인과 세리와 같이 여기라"
(마태복음 18:15-17)

묵상과 대화를 위한 질문

1. 다음의 경우들은 각각 갈등의 어떤 단계에 속한지 생각해 보시기 바랍니다.

   - 초대교회에서 헬라파 과부들에게 구제품들이 자꾸 전달되지 않아서 원망이 생겼다 (사도행전 6:1-6)
     [갈등의 제____단계]

• 초대교회 내에서 이방인 성도들과 유대인 성도들간에
  오해가 있고 다툼이 생겨서 양쪽을 대표한 지도자들이 함께
  모여 예루살렘 총회에서 그 문제를 의논했다
  (사도행전 15장).
  [갈등의 제____단계]

• 요셉의 형들은 요셉을 시기하고 미워하여 죽이려하다가
  애굽 땅에 노예로 팔아버렸다 (창세기 37:25-28).
  [갈등의 제____단계]

• 다윗이 먹을 것을 달라고 하는 요청을 나발이 한 마디로
  묵살하여 둘 사이에 위기가 닥쳤다. 그 때 나발의 아내
  아비가일이 중재하여 다윗을 진정시켰으나 나발은 겁에
  질려 벌써 죽었다 (사무엘상 25:1-38).
  [갈등의 제____단계]

2. 갈등이 제3단계를 거칠 때 중재자를 잘 사용하면 문제가 해결될
   수 있지만, 그 이후로는 중재가 성공하기 어렵다고 말한다.
   그러나 사울이 초대교회를 핍박한 것은 제5단계의 갈등이라고
   볼 수 있다 (사도행전 8:3; 9:2). 이러한 갈등을 예수님께서는 잘
   중재하시어 화해를 이루셨다. 제5단계 갈등단계에서도 화해가
   이루어질 수 있다고 믿는 것이 비현실적인가?

제 11 과
화해의 요인

화해는 어떻게 만들어질까?

화해를 이루는 요소들은 무엇일까?

이것들은 갈등을 이루는 요소들과 긴밀히 연관되어 있다. 왜냐하면 갈등의 요소들이 변화되면서, 바로 그 때부터 화해가 이루어지게 되기 때문이다. 기본적으로 화해의 구조는 갈등의 구조와 똑같다. 아래의 그림은 갈등과 화해의 같은 구조를 잘 보여주고 있다:

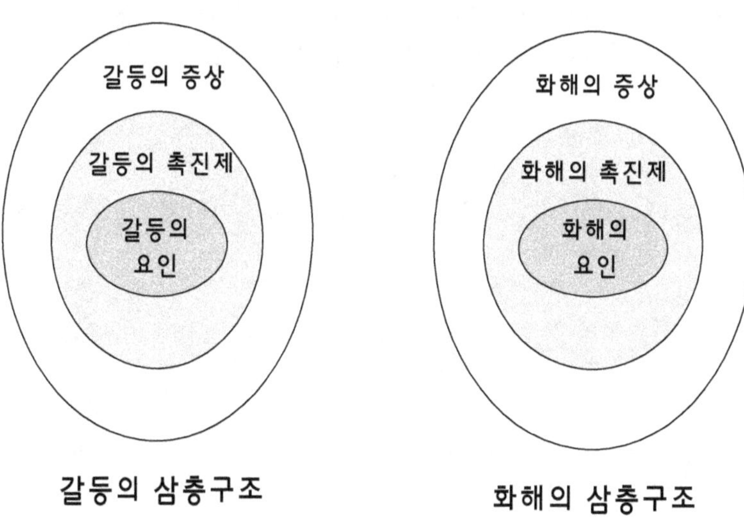

제11과에서는 갈등의 **요인**들이 어떻게 변화되면서 화해의 **요인**들로 변화되는지 살펴보도록 하자. 다음의 이야기는 그것을 잘 이해할 수 있게 해준다.

화해의 요인은 시각의 변화

이 집사님은 십대 아들과 갈등이 있었다. 오랫동안 남편과 사이에 있었던 갈등으로 인하여 아들이 10살 되었을 때 남편과 이혼을 하였고, 혼자서 그 아들을 키웠다. 아들은 가끔씩 통제할 수 없는 분노를 터뜨려 엄마의 마음을 놀라게 했다. 아빠가 워낙 아이들에게 관심을 보여주지 않았고, 이혼 후 떠나가 버렸기 때문에 아버지에 대한 분노가 많았을 것이라고 짐작했다.

아들은 점점 집에 있는 시간이 줄어들었고 잘 나가던 교회도 점점 멀리했다. 새벽마다 아들을 위해 울면서 기도하던 중 십대 아이들을 위한 특별 영성수련회에 아들을 보내기로 했다. 아들은 가기 싫다고 했다. 한 번만 엄마의 부탁을 들어달라고 간청하여 겨우 보낼 수 있었다. 아들을 보낸 후 엄마는 더 열심히 기도하며 목사님과 상담도 했다. 목사님을 통해 아들의 입장에 서서 깊이 생각해 보라는 말씀을 듣고, 전심을 다해 아들을 이해해 보려고 노력했다. 그리고 아들과 전화를 하면서 아들이 무슨 말을 하는지 경청하는 자세로 들었다. 전에는 아들의 말을 듣는 둥 마는 둥 하는 태도로 들으면서 엄마가 생각하기에 올바른 말들을 전하기에 바빴으나 이번에는 전적으로 경청하는 자세로 대화를 계속하였다.

그러던 중 새로운 사실을 발견하게 되었다. 아들이 화를 내는 대상이 아빠가 아니라 엄마인 자신이었다는 사실이다. 지난 17년 동안 좋은 엄마가 되기 위해 죽을 힘을 다했던 엄마는 믿기 어려웠다. 어떻게 나에게 그토록 심한 분노가 생길 수 있었을까? 이혼 후 아들을 돌본 것은 엄마가 아닌가? 이러한 놀라움에도 불구하고 아들로부터 거듭하여 같은 이야기를 확인해 보고 받아들이게 되었다. 아들의 설명인즉 아빠라는 존재는 아주 미미한 존재에 불과하다고 했다. 어렸을 때 그냥 사라졌기에 관심도 없다는 것이었다. 그러나 엄마는 날마다 옆에서 이래라 저래라 잔소리만 하고 자기를 늘 감시하며 통제했다는 것이다. 그러다 보니 엄마를 적으로 느끼게 된 것이었다. 엄마를 생각하면 도망가고 싶고 화가 났다는 것이다.

이 말을 들으면서 엄마는 아들에게 자기가 어떻게 대하였는가를 회상해 보았다. 그리고 자신이 무엇을 잘못했는지 생각나는 대로 아들에게 미안하다고 사과했다. 어머니가 진심으로 미안하게 생각하는 것을 느낀 아들은 어머니를 용서했다. 그리고 둘 사이에 화해가 이루어졌다. 참으로 신기했다. 어머니도 아들도 더 이상 둘 사이에 가로막고 있는 벽이 없다는 것을 느끼게 되었다.

그 후로부터 아들은 분노를 터뜨리는 일이 거의 없었다. 자기의 앞날을 위해 열심히 공부하고 준비하는 데 전력하게 된 것이다.

위의 이야기 속에서 갈등관계가 화해관계로 바뀌는 데 가장 큰 역할을 한 것은 갈등의 요인에 대한 **시각**이 바뀐 것이다. 즉 갈등의 요인은 **이혼한 부모님에 대한 분노**였다. 엄마는 이전에는 그것을 **아빠에 대한 분노**로서 보고 있었는데 이제는 정반대로 **엄마에 대한 분노**로 보게 되었다. 즉 갈등의 요인에 대한 새로운 시각을 갖게 된 것이다. 이것이 엄마와 아들 간의 갈등이 풀어지는 실마리가 되었다.

이처럼 모든 화해의 시작은 **시각의 변화**에서 일어난다. 상대방에 대한 시각이든지 자기 자신에 대한 시각이든지, 혹은 일어난 사건에 대한 시각이 변할 때, 새로운 관계의 가능성이 열리는 것이다.

사울의 시각의 변화

사울은 기독교 공동체와 원수가 되었다. 그들을 심하게 박해했기 때문이다. 이러한 갈등 속에서 예수께서 중재하셔서 둘 사이를 화해시키고 주 안에서 함께 동역하는 자들이 되게 하셨다. 어떻게 이러한 화해가 이루어질 수 있었을까? 성경을 자세히 살펴보면 예수님께서 사울의 시각을 바꾸어 주신 것을 알 수 있다.

1. **피해자가 가해자를 찾아가 그의 잘못을 분명히 말해 주다;**
    "사울아 사울아 네가 어찌하여 나를 박해하느냐?" (사도행전 9:4)

예수님은 사울의 시각을 바꾸어 주셨다. 사울은 자신을 **피해자**라고 생각했었다. 즉 기독교인들이 자신이 믿는 하나님을 모독하였기 때문에 자신이 모독을 받았다고 느꼈던 것이다. 그래서 자신의 하나님을 모독하는 **가해자들**을 힘으로 방어하고 있었다.

그런데 예수님은 사울에게 나타나서, "사울아 사울아 네가 어찌하여 나를 박해하느냐?" (사도행전 9:4) 라고 물으셨다. 즉 사울이야말로 예수님을 박해하는 **가해자**라고 하는 것을 분명히 말씀해 주셨다. 그러면서 예수께서는 사울을 정죄하거나 해칠 목적으로 다가오지 않았음을 분명히 알려 주셨다. 즉 그에게 나타나실 때에 "빛"으로 나타나셨고, 사울을 부를 때 "사울아 사울아" 두 번씩 불러주신 것이다. 이렇게 두 번씩 이름을 부르는 것은 성경적 전통에서 하나님께서 사랑하는 그의 종들을 불러 중요한 말씀을 하실 때 하는 것이다 (참조. 창세기 22:11-아브라함; 출애굽기 3:4-모세; 사무엘상 3:4-사무엘 등). 이러한 전통을 잘 알고 있는 사울은 자신에게 말씀하시는 분이 예수님이지만 곧 하나님이 보내신 자임을 느끼게 되었다. 그래서 그를 향해 "주여!" (사도행전 9:5) 라고 고백하게 된 것이다.

2. 가해자 사울이 피해자 예수에 대한 무지를 인정하다: "주여 누구시니이까" (사도행전 9:5)

사울은 자신 앞에 선 자가 누구인지 전혀 모르고 있음을 고백한다. 대부분의 경우에 **가해자**는 **피해자**에 대해 전혀 모르거나, 겉으로만 알고 있을 때가 많다.

사울은 지금까지 초대교회 성도들을 하나의 박해의 대상으로만 여기고 있었다. 자신이 직접 잡아 감옥에 넣는 그들 한 사람 한 사람의 이름이 무엇이며, 어떠한 꿈을 갖고 있으며, 어떠한 가족관계 속에서 살고 있는지 전혀 아는 바가 없었다. **가해자**가 그들을 개별적으로 잘 알고 있었다면 그토록 심하게 대하지는 못했을 것이다.

상대방이 정말 누구인지 새로운 눈으로 바라보고, 그들의 삶을 이해할 수 있다면, 그 때부터 새로운 관계가 시작될 수 있게 된다. 사울은 예수에 대해서도 직접 인격적인 관계 속에서 알고 느껴본 적이 없었다. 예수의 행실과 전해들은 말들을 자신의 입장에서 판단하고 정죄했을 뿐이다. 그러나 이제 빛으로 다가오신 주님에게 고백한다, "주여 누구시니이까" [내가 알기를 원합니다] (사도행전 9:5).

3. 피해자 주님이 자신의 정체를 직접 알려 주신다: "나는 네가 박해하는 예수라" (사도행전 9:5)

사울이 "주여 누구시니이까" [내가 알기를 원합니다]라고 말했을 때 예수님은 이제야말로 사울이 진심으로 주님이 누구인가에 대해 관심을 가지게 되었음을 알게 되셨다. 사울이 주의를 기울여 예수님의 대답을 기다리고 있을 때 자신을 밝혔다: "나는 네가 박해하는 예수라!"

예수님은 여기서 다음의 세 가지 메시지를 전달하고 계시다.

(a) 둘 사이의 관계를 **박해자**와 **박해받는 자**로 다시 한 번 규정하신다. (b) 사울의 박해는 현재형으로 아직도 진행되고 있다. 박해는 과거의 일이 아니라 지금도 계속 진행되고 있는 것이다; 그리고 (c) 사실상 사울이 박해하고 있는 사람들은 예수의 제자들인데 예수님은 그들과 한 몸이 되어 있다고 분명히 밝히고 있는 것이다. 방금 전 사울이 "주여!" 라고 부르며

신적인 존재로 인정한 바로 그분이 사울이 박해하고 있는 그들과 한 몸이라고 밝히는 것을 듣게 된 것이다. 다시 말해서, 사울은 지금 주님으로부터 "네가 박해하는 자는 하나님이 보내신 예수이다"라고 듣고 있는 것이다. 이제 예수님과 사울의 관계는 **피해자**와 **가해자**의 관계를 넘어서 **주님**과 **주님을 박해하고 있는 죄인**의 관계가 된 것이다. 사울은 자신과 예수님에 대한 시각이 전적으로 변하는 체험을 하게 되었다.

◆ 생각을 돕는 질문:

피해자인 우리는 피해 정도에 따라서는 자아상이 왜곡되기도 합니다. 예를 들면, 강간당한 여인이 자신이 행실이 바르지 못한 탓으로 강간 당했다고 스스로를 비하하는 것은 흔히 보는 일입니다.

그러나 나는 당신이 강간을 했지만, 한 사람의 아내고 두 아이의 어머니며, 사랑하는 형제들이 있고 교회의 교인으로 하나님이 사랑하는 하나님의 딸이라고 스스로 말하는 것이 중요합니다. 한 번의 피해 사실이 나 자신이 누군가를 결정짓지 않는다는 것을 스스로 먼저 확신하는 것이 필요합니다. 그리고 나면 우리는 가해자에게 나의 이야기를 할 수 있습니다.

여러분이 힘들었을 때 용기를 주고 자신을 되찾을 수 있도록 도와준 사람들은 어떤 분들이었습니까?

4. 예수님은 사울이 주님으로부터 사명을 받는 사명자로서 시각을 바꾸도록 해주셨다:

"너는 일어나 성으로 들어가라 네가 행할 것을 네게 이를 자가 있느니라 하시니" (사도행전 9:6)

예수님과 사울의 관계가 새롭게 형성된 후에, 예수님은 사울이 해야 할 일을 말해 주고 계시다. 즉 사울이 박해한 일에도 불구하고 주님께서는 빛으로 다가오셔서 사울에게 사명까지 맡겨 주시는 것이다. 자기가 주님의 사명을 받는 자로서 이해한 적이 없었을 텐데 자기에 대한 새로운 시각을 갖게 된 것이다.

5. 사울의 자기 숙고(Self-Reflection)를 통해 예수님이 누구신지 그 시각을 바꾸게 되었다 (사도행전 9:8-9, 11b)

"사울이 땅에서 일어나 눈은 떴으나 아무 것도 보지 못하고 사람의 손에 끌려 다메섹으로 들어가서 사흘 동안 보지 못하고 먹지도 마시지도 아니하니라" (사도행전 9:8-9).

사울은 삼 일간 어둠 속에서 음식도 취하지 못하고 육체적으로 고난을 겪었다. 마치 예수님이 삼 일간 죽음의 세계에 들어가 있었던 것을 연상하게 한다. 이 기간 동안 자기 통제력을 모두 잃어버리고 전적으로 타인에게 의존하면서 연약한 인간의 현실을 체험하게 된 것이다. 사울은 주님의 고통과 죽음을 묵상했을까? 아니면 스데반의 죽음과 감옥에 끌려간 많은 성도들의 처지를 생각했을까? 이 기간 동안 **가해자** 사울은 자신의 행동을 돌아보고, 자신으로 인해 고통당했던 사람들의 처지를 몸소 체험할 수 있었다.

저가 기도하는 중이다 (사도행전 9:11b). 사울은 기도했다. 하나님과의 집중적인 대화 속에서 시편과 예언서들을 다시 생각해 보게 되었을 것이다. 사울의 시각이 하나님의 시각에 접목되어 예수님의 사건을 다시 해석해 보는 과정이 진행되고 있었던 것이다.

◆ 생각을 돕는 질문:

성도님이 가해자와 화해를 원한다면, 마지막에 달성하고 싶은 목표는 무엇입니까?

굳이 화해를 해야 되는 더 큰 목적이 성도님 마음에 분명히 있다면 한 번 적어 보세요.

갈등의 요인에 대한 시각적 변화

제9과에서 갈등의 요인을 다섯 가지 영역으로 분류했다. 그 영역들마다 시각이 바뀌고 상황이 바뀌게 될 때에 화해의 요인이 발생하게 된다. 갈등의 요인들이 바뀌어 화해의 요인이 되는 것을 정리해 보면 아래와 같다.

(1) 인간적 영역:

각 사람이 가지고 있는 부정적 성향 때문에 생기는 관계적 위기를 고치기 위해 각자가 하나님 앞에 죄된 것을 인정하고 자기의 잘못을 고치도록 책임을 지는 것이 중요하다.

(2) 정보 전달의 영역:

정보 전달의 과정에서 문제가 생겨 관계가 파괴된 것을 바로잡는 일들이 중요하다. 이 때에 다른 악한 의도가 없이 실수로 된 것임을 볼 수 있도록 진심으로 사과하는 태도가 중요하다.

(3) 이익의 영역:

물질적 혹은 비물질적 이익을 놓고 생기는 의견의 차이를 대화를 통해 각자의 시각을 다른 사람들에게 설명하고 상대방의 시각을 이해하도록 한다.

(4) 구조적 영역:

공동체의 내부적 조직이나 밖의 환경 때문에 갈등이 생기는 경우 각 사람들이 함께 만족할 만한 구조개편을 시도한다.

(5) 가치관의 영역:

각 사람의 행동양식을 결정하는 가치관이 달라서 갈등이 생기는 경우, 모든 사람들이 동의할 수 있는 보다 높은 가치관을 찾고 거기서부터 새로운 시각을 가지도록 한다.

화해의 요인(Cause)은 시각의 변화이다. 즉 화해는 갈등에 관련된 사람들이 사건과 상대방을 보는 시각이 바뀌게 되면서 시작되는 것이다. 사건과 상대방에 대한 시각이 바뀌게 되면, 전과는 다른 감정과 태도로 대할 수 있게 되고, 화해의 물꼬가 터지게 된다. 그와 반대로 상황을 보는 시각이 전혀 바뀌지 않으면 둘 사이의 적대적 감정은 더욱 악화되고 거리는 점점 더 멀어지게 되는 것이다.

✿ 제 11과의 핵심내용 ✿

1. 화해는 다음의 세 가지 요소로 이루어져 있다.
   - 화해의 요인: 시각적 변화
   - 화해의 촉진제
   - 화해의 증상
2. 예수님은 아래와 같이 사울의 시각을 바꾸어 주셨다
   - 자신을 **피해자**가 아니라 **가해자/박해자**로 보도록 해 주셨다.
   - 피해자 주님이 그를 이미 용서했음을 볼 수 있게 되었다
   - **피해자** 주님에 대해 이전과 전혀 다른 이해를 성경묵상을 통해 갖게 되었다.

✿ 핵심 성경구절 ✿

그런즉 누구든지 그리스도 안에 있으면 새로운 피조물이라.
이전 것은 지나갔으니 보라 새 것이 되었도다
(고린도후서 5:17).

묵상과 대화를 위한 질문들

1. 예수님은 사울의 시각을 바꾸기 위해 아래와 같은 일하셨습니다. 여러분이 예수님의 방법들을 사용하신다면 어떤 부분이 가장 힘들까요?
   a. 가해자를 먼저 찾아가기
   b. 가해자에게 따뜻한 빛으로 (악감정 없이) 찾아가 화해의 의도를 알려주기
   c. 가해자가 나에게 한 잘못들을 분명히 말로 전하기
   d. 그를 용서했음을 말해주기

2. 여러분의 삶 속에서 가족관계에서나 교우관계가 화해를 이루게 된 경험을 생각해 보고 그 때에 시각의 변화가 얼마나 중요했는지 함께 이야기 나누어 보시기 바랍니다.

제 12 과
화해의 촉진제

제11과에서 본 것처럼 갈등이 심해질 때에 그 갈등을 다른 시각으로 볼 수 있게 되면 화해가 시작될 수 있다. 그러면 화해를 촉진시키는 촉진제는 무엇일까?

그것은 **인간의 필요욕구를 채우는 것**이다. 갈등이 있는 동안 채워지지 않았던 필요욕구들이 채워지면 그 때부터 화해가 이루어지고 화해의 증상이 나타나게 되는 것이다.

예수님은 사울과 아나니아의 시각을 바꾸어 주심으로써, 그들이 화해할 수 있도록 도와주셨다. 그렇게 하는 동안 예수님은 아나니아에게 두 가지 인간적 필요욕구를 채워주셨다. 하나는 쌍방간의 공통점을 많이 보여주시면서 쌍방이 다 하나님께 속해 있다는 소속감을 채워주셨다. 또 다른 하나는 사울을 고난의 종으로, 그리고 아무도 돌보지 않는 이방인의 사도로 뽑아주셔서 다른 제자들과 차이를 둔다는 것을 보여주셨다. 어느 정도의 정의가 이루어지는 도덕적 안정감에 대한 필요가 채워진 것이다.

1. 쌍방간의 공통점을 만들어 소속감을 채워주신다

예수님은 사울을 만난 후, 다메섹에 있던 제자 아나니아를 만나셨다. 아나니아에게 나타나셔서 사울과 아나니아에게 공통점이 있다는 것을 보여주셨다. 이러한 공통점들은 아나니아에게 있어서 매우 놀라운 일이었고, 사울에 대한 그의 시각을 바꾸는 데 결정적인 역할을 하게 되었다:

• 주님은 아나니아뿐만 아니라, 사울에게도 똑같이 나타나 말씀해 주셨다. 기독교인들은 흔히 주님이 믿는 자신들에게만 말씀하시고 결코 자기들의 적들에게는 말씀하지 않을 것이라고 기대하지만 그것은 사실이 아니다. 주님이 "적들"에게도 나타나시고 말씀하신다는 것을 깨달을 때 우리는 놀랍지만 생각을 다시 하게 되는 것이다.

• 주님은 아나니아를 제자로 불러 택하셨을 뿐만 아니라 (사도행전 9:10), 사울도 불러 택하셨다: "이 사람[사울]은 내 이름을 이방인과 임금들과 이스라엘 자손들에게 전하기 위하여 택한 나의 그릇이라 (사도행전 9:15).

• 주님은 아나니아에게 말씀하시는 바로 그 시간에 사울이 "기도하는 중"이며, 환상 중에 아나니아가 그를 안수하는 것을 보고 있다고 아나니아에게 알려 주신다 (사도행전 9:10-12). 즉 두 사람이 모두 같은 시간에 주님과 대화하고 있었던 것이다.

• 주님은 아나니아와 사울 모두에게 똑같은 메시지를 전달하셨다. 즉 둘이 만날 것(사도행전 9:12)과 사울이 어떻게 고침을 받을 것 (9:12)에 대한 메시지였다.

2. 적대자에게 적절한 대응이 내려져서 정의가 성립되다

사울을 만나라고 하시는 주님의 요구는 아나니아에게 정당해 보이지 않았다. 아나니아는 솔직하게 자기의 입장을 말씀드렸고 주님은 그의 항의를 정당하게 받으셨다 (9:13-14).

주님은 우리에게 무조건적이고 눈 먼 순종을 요구하지 않으신다. 주님은 건전한 반론을 환영하시고, 이해할 수 있도록 설명해 주신다. 사울이 위험한 폭력자이기 때문에 그를 만나는 것이 적절하지 않다고 하는 아나니아에게 주님께서는 다음의 두 가지로 설명해 주셨다:

• 주님은 사울을 *이방인들에게* 복음을 전할 사람으로 선택하셨다고 말씀하셨다 (사도행전 9:15). 이 당시 아나니아로서는 이방인에게 복음을 전하는 것을 상상할 수 없었다. 심지어 베드로도 사울의 회심 이후, 즉 사도행전 10장에 가서야 이방인 고넬료의 전도과정을 통해 매우 어렵게 이방인 전도를 받아들였다. 이러한 배경을 생각해 볼 때 아나니아로서는 이방인을 위해 선택된 사울과 자신을 분명히 구분할 수 있었을 것이다. 더욱이 사울은 살인자요 핍박자였기에 이방인과 같이 구원공동체 밖에 있는 자들을 섬기는 것이 더 자연스럽게 받아들여졌을 것이다.

• 주님은 사울이 *많은 고난*을 받을 것임을 말씀해 주셨다: "그가 내 이름을 위하여 얼마나 고난을 받아야 할 것을 내가 그에게 보이리라" (사도행전 9:16). 사울이 "고난(해)을 받는 것"은 피해자 아나니아 입장에서 보면 하나님의 공의가 적용되는 것으로 보였을 것이다.

주님은 서로 적대자로 있었던 사울과 아나니아 사이를 중재하시면서 아나니아에게 납득할 만한 이유들을 제공해 주셨다. 즉 하나님께서 그 둘을 함께 불렀다는 것과 사울에게는 그에 합당한 고난도의 사명을 주셨다는 것을 이해하게 해주신 것이다. 이렇게 함으로써 아나니아에게 어느 정도의 인간적 필요요건 즉 **소속감의 필요**와 정의의 실천으로 인한 **안전감의 필요**를 채우게 된 것이다.

인간의 필요욕구들이 채워질 수 없을 때는?

어느 젊은 목사님이 목회를 시작한 지 얼마 되지 않아서 마태복음 6:1-6절로 설교하면서 우리는 구제하거나 기도할 때 "은밀하게" 해야 하며, 그렇게 하면 사람들은 몰라도 하나님은 다 알아 주신다고 하였다. 그러자 어느 성도님이 찾아와서 "저는 은밀하게 교회를 섬기고 싶습니다. 은밀한 일을 맡겨 주십시오" 라고 부탁하였다. 그래서 목사님은 은밀하게 할 수 있는 일을 그 분에게 맡겼다. 일 년 후에 그 성도님은 화가 잔뜩 나서 목사님을 찾아와 다음과 같이 말했다. "아니 무슨 교회가 이래요? 일 년 간 정말 열심히 교회를 위해 봉사했는데 아무도 알아 주는 사람이 없어요. 제가 얼마나 열심히 일했는지 관심도 없고, 감사하다고 말하는 사람도 하나 없어요! 이렇게 무관심하고 엉망인 교회는 더 이상 다닐 수 없어요." 이 말과 함께 이 분은 그 교회를 떠났다고 한다.

우리는 사람으로부터 인정받기 위해 교회를 섬기지 않는다. 그러나 우리가 한 일을 아무도 알아 주지 않는다면 속상하고 화가 날 수도 있는 것이다. 교회에서 인정받기를 원하는 것은 모든 인간이 갖고 있는 제2의 필요욕구(Human Need)이다. 우리는 이것을 드러내 놓고 이야기하는 것을 싫어한다. 특히 수치심(Shame)을 피하는 문화에서 살고 있는 아시아문화에서 나 자신의 필요욕구를 말하는 것은 수치스러운 것으로 여기고 있다.

그런데 문제는 이 필요욕구가 항상 채워지지 않다는 데에 있다. 채워지지 않은 필요들은 우리를 불만족스럽게 만들고, 불만족스러운 상태에 있는 사람들은 갈등에 대해 면역성이 약한 것이다. 따라서 항상 100% 채울 수 없는 인간의 필요욕구에 대해서 어떻게 대응해야 하는지 아는 것이 중요하다.

이제 이 과에서 우리는 예수님의 이야기를 통해 이 문제에 대한 성경적 방법을 배워 보고자 한다. 즉 예수님은 인간의 필요욕구를 어떻게 다루셨는지 관찰해 보고, 예수님의 행동원리를 찾아보는 것이다. 그리고 예수님의 방법을 우리의 삶에 적용해 보도록 하겠다.

예수님은 인간의 필요욕구를 어떻게 다루셨는가?

다른 모든 인간들과 같이 예수님에게도 인간의 기본 필요욕구가 있으셨다. 예수님이 그 필요욕구들을 어떻게 다루셨는지 관찰함으로써 우리는 우리의 필요욕구들을 어떻게 다루어야 하는지 배울 수 있을 것이다.

이제 예수께서 어떠한 태도를 가지고 인간의 필요욕구들에 대해 대응해 나가셨는지 자세히 살펴보도록 하자.

(a) 육체적 필요욕구

예수님도 육체적인 필요욕구가 있으셨으며, 그것을 부정하지 않으셨다. 배고플 때에는 식사를 하셨고 (누가복음 7:36; 9:17; 15:2), 목마를 때에는 물을 구하여 마시셨다 (요한복음 4:7; 19:28). 피곤할 때에는 잠을 주무셨는데 (누가복음 8:23-24), 어떤 경우에는 아무리 사람들이 몰려와도 피곤한 몸을 쉬시고 영적인 능력을 회복하시기 위해서 한적한 곳으로 물러가서 기도하셨다 (누가복음 5:15-16).

그러나 예수님에게는 이러한 육체적 필요가 하늘의 양식보다는 중요하지 않으셨다. 예수님은 40 일을 광야에서 금식한 후, 돌을 떡으로 만들라는 사탄의 유혹을 물리치시며, "사람이 떡으로만 살 것이 아니요 하나님의 입으로부터 나오는 모든 말씀으로 살 것이라"(마태복음 4:4)고 선포하셨다. 또한 물을 구하러 온 여인에게 영원히 목마르지 않는 "영생하도록 솟아나는 샘물"을 구하라고 권하셨다 (요한복음 4:14). 그를 따르는 제자들에게도 육체적 필요들의 노예가 되지 말고 하늘의 것을 먼저 구함으로써 더욱 풍성한 삶을 살라고 말씀하셨다:

> 믿음이 작은 자들아
> 그러므로 염려하여 이르기를
> 무엇을 먹을까 무엇을 마실까 무엇을 입을까 하지 말라
> 이는 다 이방인들이 구하는 것이라
> 너희 하늘 아버지께서
> 이 모든 것이 너희에게 있어야 할 줄을 아시느니라
> 그런즉 너희는 먼저 그의 나라와 그의 의를 구하라 그리하면
> 이 모든 것을 너희에게 더하시리라
> (마태복음 6:30b-33)

예수님은 육체적 필요욕구를 인정하시고, 할 수 있는 만큼 채우셨으나, 그것의 노예가 되기를 거부하셨고, 하늘의 것으로 채우는 것이 더 중요함을 보여주셨다.

(b) 안정의 필요

예수님도 인간들과 같이 삶에 안정을 가져다주는 요소들을 중요하게

여기셨다. 공동체적 안정을 위해 열두 사도들을 세우셨으며 (누가복음 6:12-16), 70인 제자들의 조직적인 사역을 펼치셨고 (10:1-20), 여성들로 이루어진 일정한 후원조직을 갖고 계셨다 (8:1-3).

그러나 예수께서는 이러한 땅의 것들이 가져다주는 안정감은 일시적이고 허무한 것이라고 말씀하신다. 재물을 많은 창고에 쌓아놓는 부자에게 "어리석은 자여 오늘 밤에 네 영혼을 도로 찾으리니 그러면 네 예비한 것[쌓아놓은 재물]이 누구의 것이 되겠느냐" (누가복음 12:20)라고 하셨다. 예수님은 이렇게 땅의 것으로 안정감을 얻으려고 하는 것이 어리석다고 말씀하시면서 보물을 하늘에 쌓아두라고 말씀하신다:

너희 소유를 팔아 구제하여 낡아지지 아니하는 배낭을 만들라
곧 하늘에 둔 바 다함이 없는 보물이니
거기는 도둑도 가까이 하는 일이 없고 좀도 먹는 일이 없느니라
너희 보물 있는 곳에는 너희 마음도 있으리라
(누가복음 12:33-34)

예수님은 땅에서 살면서 어느 정도의 안정감을 갖추는 것이 중요함을 인정하시고, 그것을 위해 인적, 물적 자원들을 조직하셨다. 그러나 궁극적인 안정감은 하늘 아버지를 믿는 것에 있음을 늘 강조하셨다.

(c) 소속감/사랑의 필요

예수님은 이 세상에 살면서 가족들(요한복음 7:5)과 고향 사람들로부터 불신과 배척함을 받으셨고 (마태복음 13:55-57), 종교적 그룹들로부터는 늘 위협을 받으셨다 (누가복음 19:47). 그러나 예수님은 새로운 공동체를 만드시고 하나님의 뜻을 따르는 자들을 모으셨다:

[예수께서] 대답하여 이르시되 누가 내 어머니이며
내 동생들이냐 하시고
손을 내밀어 제자들을 가리켜 이르시되
나의 어머니와 나의 동생들을 보라
누구든지 하늘에 계신 내 아버지의 뜻대로 하는 자가
내 형제요 자매요 어머니이니라 하시더라
(마태복음 12:48-50).

그리고 예수님은 이 새로운 공동체가 이 세상에 속한 것이 아니라 하늘 아버지에게 속하였음을 분명히 선포하셨고, 예수님을 따르는 자들도 그와 함께 하늘 아버지에게 속하였으며, 하나님의 사랑과 보호하심을 받게 된다고 가르치셨다 (요한복음 18:36).

> 내가 세상에 속하지 아니함 같이
> 그들도 세상에 속하지 아니하였사옵나이다
> (요한복음 17:16).

예수님은 공동체에 속하는 것의 중요성을 인정하시고, 그것을 얻지 못하셨을 때 새로운 공동체를 창조하셨다. 그러나 진정한 사랑과 보호를 주는 공동체는 이 땅의 공동체가 아니라 하나님의 뜻으로 만들어진 공동체, 즉 하나님의 나라뿐이라고 강조하셨다.

(d) 인정의 욕구

예수님은 사람들로부터 인정을 받기 위해 사명을 감당한 적은 없으셨다. 그러나 사람들은 예수님이 하시는 일에 대해 감탄하였고, 그의 권위와 능력을 인정하며 그를 높였다. 오병이어의 기적을 베풀었을 때에, 사람들은 그를 왕으로 삼으려고 많이 쫓아왔으나, 예수님은 조용히 물러나기도 하셨고 (요한복음 6:15), 바다를 잔잔케 하셨을 때에는 사람들이 "진실로 하나님의 아들이로소이다" (마태복음 14:33) 라고 하였다.

그러나 예수님이 진정으로 누구인가에 대해서 진심으로 이해하고 인정해 주는 사람은 거의 없었다. 그는 하나님의 아들로서 인류를 구원하기 위해 십자가의 길을 가야 하는 사명을 가진 구세주셨으나 그의 가장 가까운 제자 베드로조차 그것을 이해하지 못하고 그의 길을 막아선 것이었다. 그러자 예수께서는 그에게 "사탄아 내 뒤로 물러가라"로 하시면서 야단치셨다 (마태복음 16:23). 그를 따르던 많은 무리들이 예수님의 십자가의 길 앞에서 포기하거나 도망갔는데 (마가복음 14:50-52; 요한복음 6:66-67), 그들은 예수님의 구세주로서의 사명과 하나님의 계획과 능력을 인정하지 못했던 것이다.

그럼에도 불구하고 예수님은 하나님으로부터 처음부터 끝까지 늘 인정받으셨다. 하나님은 예수님이 어떤 사명을 특별히 감당하기 이전부터 그를 하나님의 아들로서 인정하시고 매우 자랑스럽게 생각하셨는데, 그것은 바로 예수님이 세례를 받으셨을 때였다:

예수께서 세례를 받으시고 곧 물에서 올라오실새
하늘이 열리고 하나님의 성령이 비둘기 같이 내려
자기 위에 임하심을 보시더니
하늘로부터 소리가 있어 말씀하시되
이는 내 사랑하는 아들이요
내 기뻐하는 자라 하시니라
(마태복음 3:16-17).

예수님은 어느 인간으로부터도 진정한 예수님의 모습을 인정받지 못하셨지만, 모세와 엘리야와 같이 예수님도 하나님으로부터 변화산 상에서 인정을 받으셨다 (마태복음 17:1-8).

(e) 성장/초월의 욕구

인간의 성장 및 초월에 대한 욕구는 자신의 세계를 뛰어넘어 숭고한 뜻과 이상적 존재와 연합함으로써 만족감을 얻는 것을 말한다. 인간이시면서 동시에 하나님의 아들이셨던 예수님은 죽음을 눈 앞에 두고 하나님의 뜻에 연합하여 살기 위해 스스로 연단하며 순종하는 기도를 올리셨다:

내 아버지여 만일 할 만하시거든
이 잔을 내게서 지나가게 하옵소서
그러나 나의 원대로 마옵시고
아버지의 원대로 하옵소서 (마태복음 26:39)

예수님은 이 땅에 계실 때 이미 아버지 하나님과 하나를 이루셨다:

내가 아버지 안에 거하고 아버지는 내 안에 계신 것을
네가 믿지 아니하느냐
내가 너희에게 이르는 말은
스스로 하는 것이 아니라
아버지께서 내 안에 계셔서 그의 일을 하시는 것이라
(요한복음 14:10)

지금까지 우리는 예수님께서 인간의 필요욕구들을 어떻게 다루셨는지 보았다. 그에 대한 예수님의 기본적인 접근태도를 정리해 보면 다음과 같다:

- 예수님은 인간의 필요욕구들을 인정하셨다 (부정하거나 경시하지 않으셨다).
- 필요 욕구들을 **땅의 것**으로 채울 수 있는 만큼 채우셨다.
- 그러나 그 어떤 **땅의 것**이 우상이 되어 자신을 지배하는 일이 없도록 하셨다. 즉 **땅의 것**을 사용하시되 그것으로부터 자유하셨다.
- **땅의 것**보다 **하늘의 것**에 우선순위를 두셨으며, **하늘의 것**으로 필요욕구들을 늘 충만하게 채우셨다.

예수님의 삶의 만족지수

위에서 살펴 본 예수님의 삶의 만족지수에 대해 좀 더 생각해 보기로 하자. 일반적으로 말해서 삶의 만족지수란 우리에게 필요한 것을 100 이라고 할 때, 그것이 얼마큼 채워져 있느냐에 달려있다. 즉 필요한 것 100 중에서 60 정도를 채웠다면 우리는 그 만족지수를 60%라고 말할 수 있다:

$$\frac{\text{채운 것 (60)}}{\text{필요한 것 (100)}} \times 100\ (\%) = \text{만족지수 (60\%)}$$

그런데 예수님은 필요한 것 100 중에서 **땅의 것**으로 (α)만큼 채우시고 나머지 것은 언제든지 하늘의 것으로 채우셨다.

그러므로 **하늘의 것**은 ($100-\alpha$)이 되는 것이다. 즉 **땅의 것**이 10 밖에 안 되면 **하늘의 것**이 90 이 되는 것이다. 그러므로 채운 것은 [땅의 것 (α) + 하늘의 것 ($100-\alpha$)]이 되며 그 결과는 언제나 100 이 되는 것이다. 이것은 다음의 표에서 보는 것과 같이 예수님의 만족지수는 언제나 100%가 되는 것을 의미한다.

> [채운 것 = 땅의 것 (α) + 하늘의 것 (100-α)]
> --------------- × (100%) = 만족지수 (100%)
>   필요한 것 (100)

만족지수를 언제나 100%로 유지시키는 가장 중요한 변수는 **하늘의 것** (100-α)이다. 왜냐하면 **땅의 것**(α)의 α 는 그것이 무슨 숫자가 되었든 그 나머지를 늘 하늘의 것으로 채우게 되므로 전체 만족지수에 아무런 영향을 끼치지 못하기 때문이다. 그러므로 예수님은 하나님과의 관계 속에서 모든 것을 다 채우시고 땅의 것을 늘 감사하게 사용하실 수 있으셨던 것이다.

우리의 삶의 만족지수가 올라가면...

그러면 우리의 삶의 만족지수는 어떻게 될 것인가? 예수님은 하나님을 믿는 성도들도 예수님과 똑같은 자세로 살아야 한다고 강조하셨다. 즉 위에서 살펴본 바와 같이 필요욕구에 대한 예수님의 네 가지 기본자세를 닮으라는 것이다.

예수님은 우리에게 인간적 필요욕구를 인정하고 채울 수 있을 만큼 채우라고 하셨다. 인간의 필요욕구를 부정하거나 경시하지 말라고 가르치셨다. 예수님은 제자들이 안식일에 배고파서 벼이삭을 먹었을 때, 바리새인들이 비판하자, 제자들을 변호하여 주었다. 그러면서 다윗도 제사장들만 먹을 수 있는 성전의 빵을 배고픈 신하들과 함께 먹었던 이야기를 증거로 제시하셨다 (마태복음 12:1-8). 또한 예수님은 기도를 제자들에게 가르치시면서 "오늘날 우리에게 일용할 양식을 주옵시고" 라는 구절을 넣으시기도 하셨다.

그러나 예수님은 그 어떤 **땅의 것**도 우리의 삶을 지배하는 일이 없도록 경계하셨다. 즉 **땅의 것**을 우상으로 삼는 것은 어리석으며 헛된 것임을 강조하신 것이다.

재물을 큰 창고에 쌓고 또 쌓는 한 어리석은 부자의 비유를 들어 말씀하시면서 "삼가 모든 탐심을 물리치라 사람의 생명이 그 소유의 넉넉한 데 있지 아니하니라 하시고" (누가복음 12:15; 참조 12:13-21). 그러면서

하늘의 것으로 채울 때 누구도 모자라지 않고 넉넉하게 가질 수 있으며, 모두가 함께 행복해질 수 있음을 가르치셨다. 예수님은 이것을 가나 혼인 잔치에서 보여주셨다. 즉 주님을 믿고 구하였을 때에 모든 사람들이 잔치 집의 포도주가 다 떨어졌는 데도 불구하고 더 좋은 포도주를 넉넉히 즐길 수 있었던 것이다 (요한복음 2:1-11).

또한 오병이어 기적을 통해, 우리가 하나님의 풍성하심을 믿고 우리의 작은 것을 드렸을 때에, 하나님께서 하늘의 것으로 가득 넘치도록 베풀어 주신다는 것을 경험하게 해주신 것이다 (마태복음14:15-21; 요한복음 6:5-13).

이와 같이 예수님은 우리가 하나님과의 깊은 관계 속에서 하나님의 사랑과 보호하심과 베풀어주심을 믿고, 우리들에게 있는 **땅의 것**을 나눌 때 놀라운 방법으로 우리의 삶을 채우시고 만족하게 해주신다는 것을 믿기를 원하신다. 이렇게 만족지수가 올라갈 때 화해의 증상이 나타날 수 있게 되는 것이다.

✄ 제 12 과의 핵심내용 ℞

1. **인간의 필요욕구**는 잘 채워졌을 때에 **화해의 촉진제**가 된다.
2. 예수님은 인간의 필요욕구에 대해 다음과 같은 기본 태도를 가지신다:
    - 우리의 인간적 필요욕구들을 인정하라.
    - 필요욕구들을 **땅의 것**으로 열심히 채우라!
    - 그러나 그 어떤 **땅의 것**이 우상이 되어 자신을 지배하는 일이 없도록 하라!
    - **땅의 것**보다 **하늘의 것**에 우선순위를 두며, **하늘의 것**으로 필요욕구들을 늘 충만하게 채울 수 있도록 하나님과의 관계를 중시하라!

✄ 핵심 성경구절 ℞

믿음이 작은 자들아
그러므로 염려하여 이르기를
무엇을 먹을까 무엇을 마실까 무엇을 입을까 하지 말라
이는 다 이방인들이 구하는 것이라 너희 하늘 아버지께서
이 모든 것이 너희에게 있어야 할 줄을 아시느니라
그런즉 너희는 먼저 그의 나라와 그의 의를 구하라
그리하면 이 모든 것을 너희에게 더하시리라
(마태복음 6:30b-33).

묵상과 대화를 위한 질문들

1. 성도님의 삶의 만족지수는 어느 정도라고 생각하십니까?

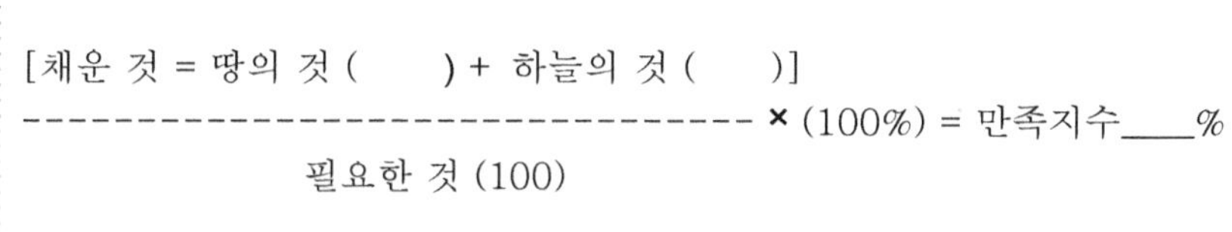

(a) 필요한 것이 100 일 때 땅의 것으로 채울 수 있는 것은
   몇이나 됩니까? ___________

(b) 땅의 것으로 채울 수 없는 나머지 것을 하늘의 것으로
   얼마큼 채우고 계십니까? __________

(c) 위의 두 숫자를 공식에 넣어 만족지수를 계산해
   보십시오! __________

2. 만족지수를 하늘의 것으로 채우기 위해서는 하나님의 약속을 믿고
   명령에 순종하는 것이 필요합니다. 이것을 위한 영적인 활동으로
   무엇을 하고 계십니까?

3. 내 만족지수가 높아서 갈등 상황을 너그럽게 넘어간 경우를 예를
   들어 보십시오.

제 13 과
화해를 이루는 대화법

우리가 갈등관계를 풀고 화해를 이루기 위해 가장 중요한 수단은 **대화**이다. 따라서 대화의 구조를 이해하고 가장 효과적으로 대화할 수 있는 법을 배우는 것이 중요하다. 아래의 그림은 대화의 구조를 보여주고 있다.

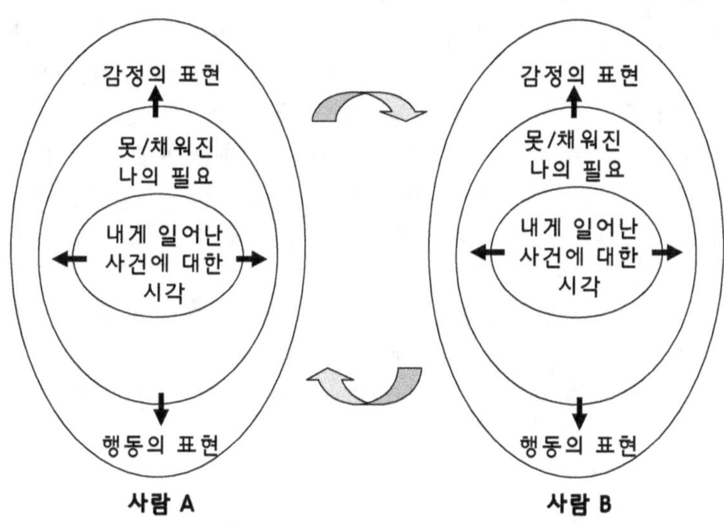

인간의 대화적 구조

사람들이 대화를 하는 내용을 잘 살펴보면 다음의 세 가지 내용으로 되어 있다:

(1) **내게 일어난 사건:**
    나에게 중요한 어떤 일이 있을 때 나름대로 시각을 가지고 그것에 대해 말하고 있다

(2) **못/채워진 나의 필요:**
    일어난 사건 때문에 나에게 중요한 어떤 필요가 채워졌거나 채워지지 않았다. 이것을 전달하는 것이 중요한 대화의 내용이 된다.

(3) 감정/행동의 표현:

나에게 중요한 어떤 필요가 채워지거나 채워지지 않았기 때문에 그에 대한 나의 감정적 표현이 따른다. 혹은 나의 행동적 표현이 따르게 된다. 이러한 것들이 대화의 세 번째 중요한 요소가 되는 것이다.

잘 듣는 것은 매우 중요하다!

상대방이 의미하는 바를 정확히 이해하는 것이야말로 모든 의사소통의 첫걸음이 된다. 그러면 **잘 듣는다**는 것은 무엇을 의미하는가?

상대방의 말을 잘 듣는다는 것은 위의 그림에서 보는 것과 같이 대화의 삼층구조를 온전히 듣는 것을 의미한다. 즉 **사건에 대한 정보**, 그 때문에 생긴 **필요들**, 그리고 **감정적 행동적 반응** 등 이 세 가지에 모두 관심을 기울이고 듣는 것이 매우 중요하다. 만일 우리가 **일어난 사건**에 대한 정보만 듣는다면 그 사람의 정말 필요로 하고 있는 것이나 그 사람의 감정을 듣지 않게 된다. 혹은 우리가 그 사람의 <감정적 반응>만 듣는다면 실제로 무엇이 일어났는지 듣지 않는다는 것이다. 이렇게 상대방의 말을 부분적으로만 듣게 되면 오해가 생기고, 말을 한 사람은 자신의 필요가 채워지지 않는다고 서운해 할 수가 있는 것이다.

그러므로 말하는 자의 말을 온전히 듣는다는 것은 위의 세 가지 층의 요소들을 모두 듣는 것이다.

- 무엇이 일어났는지 사건에 대한 정보를 듣는다.
- 그것 때문에 채워지거나 채워지지 않은 필요들이 무엇인지 듣는다.
- 이 모든 것 때문에 발생하는 감정적 반응과 행동적 반응을 모두 듣는 것이다.

온전히 듣기 연습: 정리응답하기 (Paraphrasing)

상대방의 말을 잘 듣는다는 것은 대화의 삼층구조를 모두 듣는 것인데, 내가 상대방의 말을 잘 들었다고 확인해 주는 방법은 **정리응답하기** (paraphrasing)이다. 이것은 상대방의 말을 들으면서 들은 바를 잘 정리하여 요약해 주는 것이다. 그럼으로 그의 말을 내가 잘 듣고 이해했다는 확신을 줄 수 있게 된다. 말하는 자의 말을 잘 듣고 잘 이해했다는 확신을 그에게 주게 되면 마음에 만족감을 얻고 기꺼이 그 다음 단계로 넘어가게 된다. 즉 문제를 더 객관적으로 보고 문제의 해결에 초점을 맞출 수 있게 되는 것이다. 그런데 상대방이 자기의 말을 잘 듣지 않는다고 느끼면, 같은 말을 거듭하여 말하게 되고, 그 다음 문제로 넘어가지 못하게 된다. 그러면서 상대방이 자기를 무시한다고 느끼게 되어 관계가 악화되는 것이다. 잘 들어주는 사람이 있을 때 말하는 사람은 과거를 떨쳐버리고 미래를 향해 새 출발을 할 수 있게 된다. 잘 들어주는 방법은 곧 **정리응답하기**를 잘 하는 것이다.

정리응답하기를 잘하는 방법은 말하는 자의 삼층구조를 모두 다 듣고 정리해 주는 것이다.
- 사건에 대한 정보를 잘 듣고 요약 정리한다.
- 그것 때문에 채워지거나 채워지지 않은 필요들이 무엇인지 듣고 잘 요약 정리해 준다.
- 이 모든 것 때문에 발생하는 감정적 반응과 행동적 반응을 모두 귀 기울여 들은 후 요약 정리해 준다.

정리응답하기를 연습하기 위해 아래와 같은 정리응답 형식 (Paraphrasing Formula)을 사용하면 도움이 된다.

정리응답 형식 (Paraphrasing Formula)

[요인: 일어난 사건]　　　**당신은 ＿＿(사건)＿＿ 이 일어났을 때**

[증상: 감정/행동적 반응] ＿＿**을 느꼈고 (감정) / 행했고 (행동),**

[필요: 상대방의 필요]　**그것은 당신의 ＿＿(필요)＿＿ 를 채웠기/채우지 못했기 때문이지요**

　　정리응답은 상대방의 진술보다 더 짧게 하는 것이 효과적이다. 그리고 위의 형식을 기계적으로 따르기보다는 각자의 상황에 맞게 유연하게 적용하여 자연스러운 대화가 되도록 하는 것이 좋다.

이제 이 정리응답 형식을 이용하여 잘 듣는 방법을 연습해 보자. 어느 날 성경공부 인도자가 교회 사무실에 나타나 다음과 같이 화를 내며 교회의 사무실 직원에게 항의하고 있다고 강정해 보자.

[성경공부 인도자가 교회 사무원에게]
"내가 지난번에 부탁한 성경공부 교재를 왜 주문하지 않았지요?
그것이 벌써 한 달이 넘었는데…
내 참 기가 막혀서! 이번 주일에 사람들이 나를 얼마나 무책임한 사람으로 보겠습니까? 교재도 없이 1시간 동안 무엇을 합니까?
내가 그들 앞에서 춤이라도 추어야 하나요?"
(사무원이 깜빡 잊고 교재를 주문하지 않았다.)

교회 사무원이 위와 같은 말을 듣고 가장 먼저 할 수 있는 것은 들은 말을 잘 요약하여 **정리응답**을 해주는 것이다.

다음의 여러 가지 정리응답의 예들을 살펴보자.

[교회 사무원이 성경공부 인도자에게 정리응답하기]
(응답 1)
"아니 왜 이렇게 화를 내세요? 좀 진정하세요. 저도 얼마나 바빴는지 아세요? 그렇게 중요한 거면 진작 좀 확인을 해주시지 그랬어요?"
(잘못된 응답)

이 대답을 들은 인도자는 사무실에 들어왔을 때보다 더 화가 났을 것이다. 이 대답에는 **일어난 사건**에 대한 요약이 전혀 없다. 그리고 **상대방의 감정** 및 **행동적 반응**에 대해 매우 정죄하는 태도로 말하고 있다. 즉 화를 내는 것이 타당하지 않다는 듯 말하는 것이다. 그뿐만 아니라, 지금 **상대방의 필요**가 무엇인지에 대해서는 전혀 관심을 기울이고 있지 않고 있다. 따라서 온전히 듣기의 세 가지 요소를 모두 무시하고 있고, 대화의 초점이 모두 자신에게만 집중되어 있다. 즉 자기에게 일어난 사건(바빴던 일정)과 자기의 감정 (부당한 화를 받아서 기분 나쁨), 그리고 자기의 필요 (책임추궁에서 모면하는 것)에만 관심을 두고 있는 것이다.
이러한 대답을 들으면 인도자의 입장에서는 자신이 한 말을 온전히 무시하는 것으로 받아들이게 된다.

(응답 2)

　　"죄송합니다. 제가 그만 깜빡 잊고 주문하지 못했네요. 그동안 일이 너무 많이 밀려서 그랬습니다. 이번 주에는 지난 번 담임목사님이 쓰신 성경공부 교재를 사용하시면 안 될까요?"
(잘못된 응답)

　　이 응답은 **일어난 사건**에 대해 너무나 간단하게 요약이 되어 있다 ("주문하지 못했네요."). 그리고 상대방의 잘못에 대한 시인과 그에 대한 설명과 사과를 받아야 할 **필요**가 채워졌다 (죄송합니다. 제가 그만 깜빡 잊고 주문하지 못했네요. 그동안 일이 너무 많이 밀려서 그랬습니다). 그런데 **상대방의 감정 및 행동적 반응**에 대해서는 구체적으로 언급되어 있지 않다. 그러므로 대화의 세 가지 요소 중 약 60% 정도가 들어있다고 볼 수 있다. 그러므로 응답 1보다는 상대방의 마음을 진정시키는 데 훨씬 도움이 된다.

　　그러나 지금 이 단계에서 상대방보다 먼저 앞서서 해결방법을 제시하는 것은 도움이 되지 않는다. 물론 인도자에게 필요한 것은 교재이지만 아무 교재나 필요한 것이 아니라 자신이 직접 고르고 준비한 바로 그 교재가 필요한 것이다. 그런데 성경공부와 아무 상관없는 제3자가 아무 생각 없이 자기에게 무엇이 좋다고 추천하는 것은 선을 넘어서는 것이다. 이것은 피해자에게 다시 한 번 잘못을 저지르는 것이다.

(응답 3)

　　"어머나! 제가 한 달 전에 주문했었어야 했는데 깜빡 잊고 하지 못했네요 (**일어난 사건**). 이렇게 당황스럽고 화가 나게 해드려서 너무나 죄송합니다 (**감정 읽기**). 성경공부에 등록하신 분들께 제가 자초지종을 잘 설명 드리고 사과를 드리겠습니다 (**필요 채워주기**). 제가 지금이라도 할 수 있는 일이 있다면 꼭 말씀해 주십시오 (**필요 채워주기**)."
(모범적 응답)

　　이 응답에는 세 가지 요소가 골고루 잘 들어있다. 이러한 응답을 들으면 화도 가라앉고 앞으로 어떻게 해야 할지 해결방법을 찾는 데로 관심을 돌릴 수 있게 되는 것이다.

온전히 말하기 연습

듣는 사람이 이 세 가지 요소에 모두 관심을 기울이고 들어야 하는 것처럼 말하는 사람도 이 세 가지 요소를 온전히 말하도록 해야 한다. 즉 말할 때에는 다음의 세 가지 요소를 모두 말해야 하는 것이다:

- 일어난 사건에 대해 관찰진술하라 (판단진술을 피하라).
- 일어난 사건 때문에 채워지지 못한 필요가 있거나 채워질 필요가 있으면 말하라. 그리고
- 자신이 느끼고 있는 감정적 상태와 행동적 변화에 대해 말하라.

(1) 일어난 사건에 대해 **관찰진술**하라. 그러나 **판단진술**은 피하라.

우리는 일어난 사건에 대해 자초지종을 이야기할 때, 두 가지 종류의 진술을 사용하게 된다. 하나는 **관찰진술**(Statement of Observation)이고 또 다른 하나는 **판단진술**(Statement of Judgement)이다.

관찰진술은 사건을 있는 그대로 묘사하는 것이고, **판단진술**은 사건을 보고 먼저 내 맘 속에서 잘했다 못했다, 혹은 틀렸다 맞았다 등으로 판단한 후에 그것을 표현하는 것이다.

오랜만에 만나는 친구가 약속시간에 30분이나 늦게 나타났다고 가정해 보자. 이 때 당신은 두 가지로 친구에게 말을 건넬 수 있을 것이다.

① **판단**진술 (Statement of Judgement): "*너*는 나에게 아직도 감정이 있구나! 오랜만에 보면서 이렇게 사람을 기다리게 하는 것이 *언제나* 똑같구나! 만나기 싫으면 싫다고 하지 그랬어?"

② **관찰**진술 (Statement of Observation): "약속 시간이 4시 아니었니? *나*는 네가 30분 늦게 와서 무슨 일이 생긴 줄 알고 걱정했다!"

판단진술을 하는 경우에, 당신은 친구가:

- 아직도 과거에 있었던 어떤 사건 때문에 좋지 않은 감정을 갖고 있다고 판단하고 있다.
- 그의 의도는 당신을 무시하기 위한 것이라고 판단하고 있다.
- 그의 행동은 만나기 싫은데 억지로 나온 것이라고 추측하여 판단하고 있는 것이다.

이러한 **판단진술**은 상대방에게 말로 **공격**을 하는 것과 같다. 왜냐하면 상대방의 입장에서는 사실이 아닌 것들을 기정사실화하여 그가 잘못한 것으로 뒤집어씌우고 있기 때문이다. 이러한 공격을 받는 사람은 상대방에게 차근히 설명하고 싶은 마음이 없어진다.

판단진술의 특징을 보면 **일반화**(generalization)시키는 경향을 볼 수 있다. **일반화**는 어떤 사람의 행동을 "언제나," "어디서나," "누구에게나" 등으로 상황에 상관없이 늘 습관처럼 행하는 것으로 판단하여 말하는 것이다. 즉 그 사람은 이미 그러한 행동을 아무 의식 없이 한다고 여기는 것이다. 이러한 일반화된 말들은 듣는 사람에게 인신공격으로 들리게 된다. 왜냐하면 몇 번의 실수를 항상 변함없이 하는 희망 없는 사람으로 낙인찍기 때문이다.

일반화를 피하기 위해서는 **구체화**된 진술을 사용해야 한다. 즉 위의 예에서처럼 **언제나**와 같은 말을 사용하여 친구가 늦는 것이 과거로부터 시작하여 지금까지 계속되는 습관이라고 진술하지 말고, 어떤 특정한 경우에 일어난 것으로 한계를 정해야 하는 것이다. 즉 위의 ②번에서와 같이 그 당시 구체적인 상황에서 일어나는 것들을 구체적으로 관찰하여 진술해야 하는 것이다.

(2) 일어난 사건 때문에 채우지 못한 필요가 있거나 채우게 된 필요가 있으면 말하라.

일어난 사건 때문에 채워지지 않은 부분들이 있거나 요구사항이 있을 때에는 그것이 무엇인지 상대방에게 전달해야 한다. 그런데 나의 필요가 채워지지 않았기 때문에 많이 화가 난 상태이고 그 책임이 상대방에게 있다고 말하기 위해 우리는 주로 **이인칭 주어**("너")를 사용한다. 즉 네(너, YOU)가 한 행동 때문에 이 모든 일들이 벌어졌으므로 네(너, YOU)가 책임을 지고 없어지거나 벌을 받아야 한다는 생각에서 나오는 대화가 되는 것이다. 이것은 위의 판단진술의 예에서 보는 것과 같다.

"*너*는 나에게 아직도 감정이 있나보지? [*너*는] 오랜만에 만나면서 이렇게 사람을 기다리게 하는 것이 언제나 똑같구나! [*너*는] 만나기 싫으면 싫다고 하지 그랬어?"

이러한 말을 듣는 사람은 공격을 받았기에 맞받아쳐서 **이인칭 주어**, 너를 사용하며 반격을 가하게 된다. 위의 예에서 친구의 반응이 그렇게 나오는 것을 볼 수 있다.

"*너*야말로 만나기 싫은데 억지로 나왔나 보지? [*너*는] 왜 이렇게 옛날처럼 솔직하지가 못해?"

이렇게 되면 이슈에 관심을 기울이지 않고 인신공격에 서로 빠져들게 된다. 그러나 만일 우리가 서로 인신공격하기를 원치 않고 이슈에 초점을 두려고 한다면 **일인칭 주어**를 사용해야 한다. 즉 **나**에게 어떠한 피해가 있었고, **나**는 어떠한 요구를 갖고 있는지에 관심을 기울이도록 하는 대화법인 것이다. 이것은 위의 관찰진술의 예에서 찾아볼 수 있다.

> "약속 시간이 4시 아니었니? *나*는 네가 30분 늦게 와서 무슨 일이 생긴 줄 알고 걱정했다!"

(3) 자신이 느끼고 있는 감정적 상태와 행동적 변화에 대해 말하라.

자신의 느끼고 있는 감정적 상태와 행동적 변화에 대해 말로 잘 표현하는 것은 매우 중요하다. 왜냐하면 감정을 묻어두고 이야기하지 않으면 상대방이 알아차릴 수 없는 경우가 많으며, 이것은 깊은 오해의 뿌리가 된다. 또한 이렇게 묻어둔 감정은 언젠가는 터져 나오게 되는데 오랫동안 부정적인 에너지가 쌓였다가 나오기 때문에 파괴력이 커서 의도하지 않은 피해가 생기게 마련이기 때문이다. 이러한 상황을 피하기 위해서라도 우리는 감정이 너무 깊이 쌓이기 전에 표현할 줄 알아야 한다. 화가 나거나 슬플 때 그것을 대화로 잘 표현하는 것은 매우 지혜로운 것이다.

지금까지 우리는 말할 때에 꼭 표현해야 할 세 가지 요소에 대해 생각해 보았다. 아래의 **온전히 말하기 형식**은 이 세 가지 요소를 모두 넣어서 말할 수 있도록 도와준다. 아래의 형식을 가지고 무엇을 말해야 할지 연습해 본 다음에 실제로 말할 때에는 보다 자연스럽게 되도록 해보자.

온전히 말하기 형식

[요인: 일어난 사건에 대한 관찰진술]
- 나는 _______(사건)_______ 이 일어났을 때

[증상: 감정 및 행동적 반응]
- ___(감정) / (행동)___ 를 느꼈고/ 행했고,

[필요: 나의 필요 및 요구]
- 그것은 내가 _____(필요)_____ 를 채우지 못했기 때문이에요.
- 앞으로는 ___(요구사항)___ 를 해주기를 바래요.

이 형식을 실제로 사용할 때에는 기계적으로 따르기보다는 각자의 상황에 맞게 유연하게 적용하여 자연스러운 대화가 되도록 하는 것이 좋다. 이제 위의 형식을 사용하여 말하는 것을 연습해 보자. 친구와 함께 기숙사에서 생활하는 학생이 친구가 전혀 화장실 청소를 하지 않자 다음과 같이 말했다고 하자.

[예 1]
　"너는 해도 해도 너무한다. 어떻게 화장실을 한 번도 안 치우냐?"

　위의 예는 일어난 사건에 대해 **관찰진술**을 하지 않고, **판단진술**을 하고 있는 것이다. 즉 <2인칭 주어>와 <일반화>를 사용하여 상대방은 남에 대한 사려가 없는 사람이며 단 한 번도 화장실 청소를 하지 않는 사람으로 몰아버리고 있다. 이 말을 고쳐서 <온전히 말하기 형식>에 맞추어 보면 다음과 같다.

[예 2]
　"나는 네가 화장실을 일주일 동안 한 번도 청소하지 않아서, 너무나 화가 났다! 왜냐하면 내가 꼭 너의 청소부같이 느껴지기 때문이야! 나는 너와 내가 일주일에 한 번씩 날짜를 정해서 화장실 청소를 번갈아 하면 좋겠어! 어떻게 생각하니?"

예2의 대화를 세 가지 요소에 비추어 분석해 보면 아래와 같다:

[사건의 관찰진술]
- *나는 네가 화장실을 일주일 동안 한 번도 청소하지 않고 쓸 때면*

[증상: 감정적 반응]
- *(나는) 너무나 화가 나!*

[필요: 나의 필요 및 요구]
- *왜냐하면 내가 꼭 너의 청소부같이 느껴지기 때문이야!*
  (룸메이트로부터 공정한 대우를 받을 필요가 채워지지 않았다)
- *나는 너와 내가 일주일에 한 번씩 날짜를 정해서 화장실 청소를 번갈아 하면 좋겠어! 어떻게 생각하니?* (구체적 요구사항)

이와 같이 말할 때 상대방 친구는 자기가 한 일에 대해 친구가 화가 난 것을 알 수 있게 된다. 그러면서도, 인격적인 공격을 받았다고 느끼지는 않게 되는 것이다. 그리고 앞으로 긍정적인 관계향상을 위해 노력할 수 있는 가능성을 보기 때문에 기꺼이 자신의 행동을 바꾸고 싶어지게 되기도 한다.

부부간이나 부모 자식간과 같이 가까운 사이에도 위에서 말하는 것과 같이 형식을 따져서 말한다면 이상할 것이다. 위에서 배운 대화법을 적용할 때는 **관계와 상황에 따라 부드럽고 유연하게 사용해야** 한다. 즉 가까운 사이일수록 몸으로 하는 대화 (body language)를 더 많이 쓰게 된다. 그리고 간단한 응답 "정말 힘들었겠구나!" 만으로도 충분할 수가 있는 것이다. 그러나 관계가 아직 형성되지 않은 상태에서는 좀 더 명확하게 대화의 요소들을 다 언급하는 것이 중요하다. 또한 심각한 상황에서도 마찬가지이다.

✄ 제 13 과의 핵심내용 ✄

1. 대화의 구조는 다음의 3 대 요소로 되어 있다.
   - 일어난 사건
   - 일어난 사건으로 인해 채워지거나 채워지지 않은 필요들
   - 이 모든 것들에 대한 감정적 반응과 행동적 반응
2. 대화를 잘 한다는 것은 대화의 3 대 요소를 잘 듣고 잘 말하는 것이다

✄ 핵심 성경구절 ✄

"오직 사랑 안에서 참된 것을 하여
범사에 그에게까지 자랄지라
그는 머리니 곧 그리스도라" (에베소서 4:15).

묵상과 대화를 위한 질문들

1. 당신은 듣는 것과 말하는 것 중에서 어느 것을 더 잘한다고 생각하십니까? 그 이유는 무엇입니까?

2. **온전히 듣기**, 혹은 **정리응답하기**를 연습해 봅시다. 듣는 자의 입장에서 아래의 말을 들었을 때, 어떻게 정리응답하는 것이 가장 좋은지 적어보십시오.

   [교회 건물관리자가 전도위원장에게]
   "여보세요! 다음부터는 회의가 끝나면 문을 좀 꼭 닫고 가세요. 새벽 2 시에 목사님이 나한테 전화했잖아요. 동네 아이들이 들어와 노는 것을 경찰이 보고 목사님 댁에 전화했대요. 다음에 또 그런 일이 있으면 당신네 집 전화번호를 경찰에 넘겨줄 거요!"

   [전도위원장이 교회건물관리자의 말을 정리응답하기]

3. **온전히 말하기**를 연습해 봅시다. **관찰진술**을 잘하기 위해서 우리는 **일반화**를 피해야 합니다. 아래의 대화 속에서 일반화된 부분들을 밑줄 긋고, 구체적인 내용으로 바꾸어 봅시다.

> [예] "너는 매일 늦게 일어나!" ➜ "너는 어제와 오늘 두 번 늦게 일어났네. 무슨 일이 있니?"

> a. "당신은 왜 언제나 내 말을 무시하세요?" ➜

> b. "왜 이렇게 무엇에든지 화를 내세요? 화 안내는 때를 본 적이 없어요!" ➜

> c. "너는 어디에서나 말썽이구나! 너 때문에 어디 한 곳이라도 평안한 곳이 없어!" ➜

> d. "모든 사람들이 당신을 욕하고 있어요! 당신 때문에 창피해 죽겠어요!" ➜

> e. "권사님은 하는 일마다 엉터리야. 한 번도 제대로 일을 한 적이 없어요!" ➜

4. 우리가 대화할 때 이인칭 주어를 사용하면 상대방을 공격하는 말이 되기 쉽습니다. 그래서 일인칭 주어를 사용하면서 나 자신의 필요와 감정에 초점을 맞추는 것이 이슈를 부각시키는 데 도움이 됩니다. 아래의 예들은 이인칭 주어로 쓰여진 것인데, 그것을 다시 일인칭으로 바꾸어 말해 봅시다.

> [예] "너는 참 교만하구나! 네가 내 생각을 다 안다고 생각하니?" ➜ 나는 네가 나에게 물어보지도 않고 K 씨를 초대했을 때 [나는] 너무나 당황하고 화가 났어. [나는] 그런 일은 내가 직접 결정하고 싶다."
> a. "당신은 내 감정을 전혀 생각도 않는 것 같아요. 당신은 내가 바보라고 생각하지요? 어떻게 당신은 내가 임원회 때에 말한 모든 것이 바보 같다고 한 마디로 잘라버릴 수가 있어요? ➜
> b. "너는 정말 못 믿을 인간이야! 너는 비밀을 하루도 참지 못하고 다 말해버리는구나!" ➜

제 14 과
예수님의 대화법

예수님은 이 땅에 **말씀**으로 오셨다 (요한복음 1:1, 14). 그뿐 아니라 사람들과 대화를 통해 변화를 일으키셨다. 즉 우리에게 대화법을 모범으로 보여주신 것이다. 이제 우리는 성경에서 예수님의 대화법을 관찰하면서 그 대화의 비결을 배워보도록 하자.

예수님과 사마리아 여인의 대화

예수님은 사람들과 많은 대화를 나누셨는데, 그 중에서 특히 사마리아 여인과 우물가에서 가진 대화는 사람들에게 가장 많이 알려진 에피소드 중 하나이다 (요한복음 4:1-30). 예수님은 제자들과 함께 유대인들이 보통 지나가지 않는 사마리아를 통해서 지나가고 있었다. 그러다가 우물가에서 한 여인을 만나 대화를 나누게 되었다. 이 대화를 통해 여인은 변화되어 온 사마리아인들에게 예수님을 전하는 전도자가 된 것이다. 예수님은 짧은 대화를 통해 한 여인을 놀랍게 변화시켰다.

예수님은 사마리아의 수가 성을 지나실 때, 긴 여정과 더운 날씨 때문에 피곤한 상태에 계셨다. 마실 물과 휴식이 필요한 상태에 계셨다. 제자들은 음식을 구하려고 마을로 들어갔고, 예수님 혼자서 우물가에 앉아 계셨다. 이 때 사마리아 여자 하나가 물을 길러 우물가로 다가왔다. 그 때부터 둘 사이에서 대화가 진행되었다. 예수님의 대화법과 사마리아 여인의 대화법을 잘 관찰해 보도록 하자.

예수님의 대화 1

"물을 좀 달라"(요한복음 4:7b)

✦ 예수님이 **자신의 필요**를 말씀하신다.
✦ 물을 필요로 하는 인간 상호간의 **공통점**을 언급하신다.

여인의 대화 1

> 당신은 유대인으로서 어찌하여 사마리아 여자인 나에게
> 물을 달라 하나이까 하니 이는 유대인이 사마리아인과
> 상종하지 아니함이러라 (요한복음 4:9).

← **일반화**하다. (예수님을 개인으로 보기보다 유대인 일반으로 본다.)
← **차이점**을 강조하다. (유대인과 사마리아인 간의 차이.)

예수님의 대화 2

> 네가 만일 하나님의 선물과 또 네게 물 좀 달라 하는 이가
> 누구인 줄 알았더라면 네가 그에게 구하였을 것이요
> 그가 생수를 네게 주었으리라 (요한복음 4:10).

←**공통점**을 강조하다. (사마리아인과 유대인이 모두 하나님을 섬기므로
하나님을 언급한다.)
←**구체화**하다. (자신을 구체적으로 소개한다. 자신은 하나님의 선물이며
생수를 줄 수 있는 사람이라고 개인적 소개를 한 것이다.)
← **목적을 진술**하다 /**자신의 필요**를 말하다. (상대에게 자신을 알리는 것
과 생수를 주는 것이 자신의 목적임을 밝히다. 이러한 목적을 달성하는
것이 곧 예수님의 필요였다.)
← **이슈를 규명**하다. 예수님은 여인에게 <어떠한 물을 마셔야 하는가?>
하는 것이 중요한 이슈임을 말하신다.

여인의 대화 2

> 주여 물 길을 그릇도 없고 이 우물은 깊은데
> 어디서 당신이 그 생수를 얻겠삽나이까?
> 우리 조상 야곱이 이 우물을 우리에게 주셨고
> 또 여기서 자기와 자기 아들들과 짐승이 다 마셨는데
> 당신이 야곱보다 더 크니이까 (요한복음 4:11-12).

←**차이점**을 강조하다. 물을 길어 얻는 현실적인 문제에 대해 예수님과
다른 시각으로 상황을 판단하고 있음을 강조하고 있다.

◆**비교 판단진술**하다. 예수님을 야곱과 비교하여 약소평가하다. 비교를 당하는 사람의 입장에서는 인격적인 공격으로 받아들이게 된다.

예수님의 대화 3

> 이 물을 사미는 자마다 다시 목마르려니와
> 내가 주는 물을 마시는 자는 영원히 목마르지 아니하리니
> 내가 주는 물은 그 속에서 영생하도록 솟아나는 샘물이 되리라
> (요한복음 4:13-14).

◆**인신공격에 대한 정면대결을 피하다.** (상대방이 비교 판단진술을 통해 인신공격을 하였으나 예수님은 같은 인신공격으로 맞대응하는 감정적 대응을 하지 않았다.)
◆**이슈에 초점**을 맞추다. (예수님은 중요한 이슈가 야곱과 예수 중 누가 크냐가 아니라, 어떠한 물을 마실 것인가에 있음을 다시 한 번 강조하셨다.)

여인의 대화 3

> 여자가 이르되 주여 그런 물을 내게 주사 목마르지도 않고
> 또 여기 물 길으러 오지도 않게 하옵소서 (요한복음 4:15).

◆여인이 처음으로 **이슈**(어떤 물을 마셔야?)에 **관심**을 표현하다
◆여인이 처음으로 **자신의 필요**(물에 대한 필요; 물을 길으러 오지 않을 필요)를 언급하다.
◆여인이 **처음으로 예수님을 예수님이 주장하는 그대로 인정**하다.
　(특별한 물을 줄 수 있는 사람으로 인정하다.)
◆여인과 예수님 사이에 처음으로 **방어벽을 깨고 인간적 관계가 형성**되다
　(여인이 예수님을 "주님"이라고 부르다.)

예수님의 대화 4

> 가서 네 남편을 불러 오라 (요한복음 4:16).

◆예수님은 여인의 **이슈에 대해 정면으로 응답**하신다. (여인이 예수님의 인격적 대화초청에 응답했을 때, 예수님은 여인에게 가장 좋은 것으로 응답하신다. 즉 여인에게 있어서 가장 중요한 이슈를 다루어 주는 것이다.)

여인의 대화 4

나는 남편이 없나이다 (요한복음 4:17a)

◆여인이 자기의 진실을 고백하면서 자신의 **이슈를 정면으로 대면**하다 (여인은 더 이상 감추지도 않고, 변명하지도 않고, 반박하지도 않는다. 자기 자신을 있는 모습 그대로 받아들인다. 자기 자신과 하나가 되는 순간이다. 또한 이것을 제3자 앞에서도 드러냄으로써 자신이 온전히 하나가 될 수 있음을 객관적으로 확인하게 된 것이다. 이렇게 자신의 진실 된 모습을 되찾는 것이야말로 치유와 회복의 시작이 된다.)

예수님의 대화 5

네가 남편이 없다 하는 말이 옳도다
너에게 남편 다섯이 있었고 지금 있는 자도 네 남편이 아니니
네 말이 참되도다 (요한복음 4:17b-18).

◆여인의 상황에 대해 있는 그대로 **관찰진술**함으로써 받아주다. (예수님은 여인에게 남편이 많이 있다는 것에 대해 판단진술을 하지 않으신다.)
◆여인의 진실한 태도에 대해 **칭찬**하신다. (여인이 예수님 앞에서 거짓말하지 않고 진실을 말하는 것 자체가 예수님을 존중해 주는 것이다. 이러한 관계에 대해 기뻐하시는 예수님의 모습이 눈에 그려지는 듯하다.)

여인의 대화 5

"주여 내가 보니 선지자로소이다
우리 조상들은 이 산에서 예배하였는데
당신들의 말은 예배할 곳이
예루살렘에 있다 하더이다
(요한복음 4:19-20)

◆예수님에 대한 **새로운 시각**을 가지다.
◆영적 이슈에 처음으로 관심을 보이다 (예수님과 **공통점**).
◆예배의 **장소**에 대한 차이점을 강조하다 (예수님과 **차이점**).

예수님의 대화 6

> 여자여 내 말을 믿으라 이 산에서도 말고
> 예루살렘에서도 말고 너희가 아버지께 예배할 **때**가 이르리라
> 너희는 알지 못하는 것을 예배하고 우리는 아는 것을 예배하노니
> 이는 구원이 유대인에게서 남이라
> 아버지께 참되게 예배하는 자들은 **영과 진리로** 예배할 때가
> 오나니 곧 이 때라 아버지께서는 자기에게 이렇게 예배하는 자들을
> 찾으시느니라 하나님은 영이시니 예배하는 자가
> **영과 진리로** 예배할지니라 (요한복음 4:21-24).

◆예배에 대한 이슈가 **장소**가 아니라 **때**와 **대상**, 그리고 **방법**이라는 새로운 **시각**을 제시하다.

◆예수님은 **때**와 **대상** 그리고 **방법**에 대해 자신의 **구체적인 입장**을 밝히신다; **때**: "이 때" (바로 지금); **대상**: 26절에서 자신이 바로 예배의 대상임을 밝힌다; **방법**: "영과 진리로"

여인의 대화 6

> 여자가 이르되 메시야 곧 그리스도라 하는 이가
> 오실 줄을 내가 아노니 그가 오시면 모든 것을
> 우리에게 알려 주시리이다 (요한복음 4:25).

◆예배의 **대상**에 대한 **공통관심**을 밝히다. (예배의 여러 이슈 가운데 자신이 공통적으로 관심을 가진 **대상**에 대해 언급한다. 그 **대상**은 "메시야 곧 그리스도"이다.)

예수님의 대화 7

> 네게 말하는 내가 그라 하시니라 (요한복음 4:26).

◆**대상**에 대한 **구체적 입장**을 밝히다. (예수님도 자신의 진정한 모습을 다 드러내었다. 여기에서 서로의 진정한 모습을 함께 대면하게 되었다.)

자신을 메시야로 밝히는 예수님의 말씀을 들을 때에 사마리아 여인은 시각적 변화를 얻게 되었다. 우선 메시야는 유대인과 사마리아인 모두를 위해 오셨다는 것이다. 또한 메시야를 예배하는 방법은 성전의 피제사가 아니라 영과 진리로 드리는 것이며, 그 예배드리는 때는 바로 이 때라는 것을 깨닫게 된 것이다. 이와 같은 시각적 변화는 여인을 변화시켰다. 성경에 따르면 "여자가 물동이를 버려 두고 동네로 들어가서 사람들에게 이르되 내가 행한 모든 일을 내게 말한 사람을 와서 보라 이는 그리스도가 아니냐 하니 그들이 동네에서 나와 예수께로 오더라" (요한복음 4:28-30) 라고 전도한 것으로 되어 있다. 사마리아 여인은 구세주를 만났고 그 소식을 전하는 전도자가 되었으며, 한 동네를 믿음의 마을로 바꾸는 역사의 주인공이 된 것이다.

예수님의 대화원리

위에서 관찰한 예수님과 여인의 대화를 함께 비교하면서 예수님의 대화원리를 찾아보기로 하자. 먼저 여인은 예수님과의 자신이 얼마나 다른지 하는 **차이점**에 더욱 초점을 맞추는 반면, 예수님은 여인과의 대화에서 거듭하여 **공통점**을 부각시키려고 하셨다. 이렇게 함으로써 예수님은 여인이 당신과 같은 자리에 서서 공통된 시각으로 상황을 볼 수 있도록 도우신 것이다. 또한 여인은 **전통적인 시각**을 고집하면서 자신이 알고 있는 바를 방어하였으나 예수님은 **새로운 시각**을 계속 제시하시면서 여인에게 새로운 가능성을 보여주려고 노력하셨다. 사람은 새로운 가능성을 보게 되면 희망을 갖게 되고, 보다 여유 있는 태도를 취하게 되어 관계향상에 도움이 된다.

여인은 예수님을 **일반화**하여 일반 유대인과 같이 편견을 갖고 행동할 것으로 여겼으나, 예수님은 자신을 개별화하여 **구체적**으로 어떠한 관심과 목적을 가진 사람이라는 것을 소개하였다. 이것은 자신의 **필요**를 드러내는 것으로 여인에게 자신을 알리고 자신의 목적을 알릴 필요가 있음을 솔직하게 말하는 것이다.

여인은 예수님을 야곱과 같은 위대한 조상에 비교판단하면서 사람을 문제 삼았으나 예수님은 중요한 **이슈**, 즉 어떠한 물을 마셔야 하는가에 있음을 계속 강조하셨다. 대화를 하면서 누가 더 크냐, 누가 더 잘못했냐는 등 사람을 문제 삼기 시작하면 서로간에 적대적 관계가 형성되기 쉽다. 그렇기 때문에 예수님께서는 사람이 아니라 이슈를 문제 삼으신 것이다.

마지막으로 여인과 예수님간의 다른 대화적 원리를 보면 예수님은 여인의 상황(남편과 관련된 어려운 삶)을 듣고 이렇다 저렇다 정죄하지 않으셨다. 즉 판단진술을 하지 않으신 것이다. 그 대신 그 상황을 있는 그대로 관찰진술하셨고, 진실을 보여준 여인의 용기를 칭찬하셨다. 그러나 여인은 여러 번 일반화와 판단진술을 통해 예수님에게 방어적이고 반격적인 태도를 취했다. 두 사람의 대화원리를 비교 정리해 보면 아래와 같다.

대화원리의 비교

예수님	사마리아 여인
◆ **공통점**에 초점을 두다	◆ **차이점**에 초점을 두다
◆ **새로운 시각**을 제시하다	◆ **전통적 시각**을 고집하다
◆ **구체화**하다 (구체적 **필요**를 언급하다)	◆ **일반화**하다
◆ **이슈**를 문제 삼다	◆ **사람**을 문제 삼다
◆ **관찰진술**하다	◆ **판단진술**하다

두 사람의 대화가 계속 진행되는 동안 사마리아 여인은 예수님의 대화법을 배워나가기 시작했다. 처음에는 거듭하여 차이점을 강조하다가 대화의 중간쯤에 와서는 공통점에 관심을 보이기 시작한 것이다. 그리고 여인은 예수님을 일반적인 유대인으로만 보다가 점점 더 특정한 한 개인으로 보기 시작했다. 그리고 야곱이 크냐 예수님이 더 크냐 하면서 사람을 비교하던 것을 그치고, 서서히 이슈에 관심을 보이게 된 것이다.

여인은 대화법이 바뀌자 드디어 대화의 내용이 달라졌다. 여인은 자신의 진정한 모습을 스스로 대면했으며, 그동안 멀리했던 자기 자신과 하나가 되었다. 자기 자신을 그대로 바라볼 수 있게 해주고, 또 초라한 자신의 모습을 정죄하지 않고 있는 모습 그대로를 받아주신 예수님이야말로 메시야, 즉 구세주인 것을 바라보게 된 것이다. 예수님과 여인간의 진정한 만남이 드디어 이루어졌다.

❧ 제 14 과의 핵심내용 ❧

1. 예수님의 대화의 특징은 다음과 같다:
   - 공통점에 초점을 두다.
   - 새로운 시각을 제시하다.
   - 구체화하다 (구체적 필요를 언급하다).
   - 이슈를 문제 삼다.
   - 관찰진술하다.

❧ 핵심 성경구절 ❧

말씀이 육신이 되어 우리 가운데 거하시매
우리가 그의 영광을 보니 아버지의 독생자의 영광이요
은혜와 진리가 충만하더라 (요한복음 1:14).

묵상과 대화를 위한 질문들

1. 예수님과 사마리아 여인간의 대화는 실제로 얼마간의 시간 동안 일어났을까요? 우리가 예수님의 대화법을 통달하기까지는 얼마나 걸릴까요?

2. 예수님의 대화법으로부터 당신이 특별히 배우거나 깨달은 것은 무엇입니까?

제 15 과
화가 나는데 어떻게 합니까?

    교회를 어렸을 때부터 다닌 한 30대 중반쯤 된 여성이 저자에게 물었다. "저는 기독교인은 화를 내서는 안 된다고 듣고 배웠습니다. 남편과 결혼 초기부터 부딪치는 일이 많았지만, 화를 *내서는 안 된다고 해서 이를 꽉 깨물고 참았습니다. 그런데 정말 이제는 더 이상 참을 수가 없습니다. 저는 어떻게 해야 하나요?*" 이 여성은 결혼생활 10년 만에 속병이 들었다. 위장이 다 헐었고 급기야는 위암으로 수술까지 했다. 화병이 이 여인의 삶을 파괴하고 있었던 것이다.

    그런데 왜 기독교인이 화를 내면 안 된다고 생각하게 되었을까? 저자는 여기에 대해 매우 궁금해졌다. 얼마 후 그 궁금증은 어느 결혼식에서 풀렸다. 젊은 부부를 결혼시키는 주례 목사님이 신랑 신부에게 다음과 같이 설교하시는 것이었다. "두 분은 *지금부터 서로에게 화를 내지 마십시오. 성경은 우리에게 화내지 말라고 말씀하고 있습니다.*" 나는 깜짝 놀랐다. 성경에 정말 그렇게 쓰여 있나? 정신을 바짝 차리고 들어보니 바로 고린도전서 13:5절 말씀을 인용하고 있었다. "사랑은 성내지 아니합니다." 바로 이 때 나는 깨닫게 되었다. "아하! 모든 것이 여기에서부터 시작되었구나! 성경의 그 유명한 '사랑장'에 사랑은 성내지 않는 것이라고 선언하고 있으니 그렇게 생각할 수밖에 없겠구나!" 하고 이해하게 된 것이다.

    그런데 우리는 위의 여성과는 반대되는 모습을 보여주는 교인들을 많이 만난다. 교회 내에서 화를 버럭 잘 내고 남의 감정을 상하게 하는 사람들을 많이 접하게 된다. 그러므로 우리는 한편으로는 기독교인이 화를 내면 안 된다고 생각하는 사람들을 만나는가 하면, 다른 한편으로는 화를 쉽게 내며 별 고민을 하지 않는 사람들을 만난다. 과연 우리는 "화 (anger)"라고 하는 감정에 대해 어떻게 이해하고 대처해야 하는가?

성경은 화내는 것에 대해 무엇이라고 하는가?

    고린도전서 13:5절 말씀이 정말로 기독교인은 화내서는 안 된다고 선언하고 있는가? 그렇지 않다! 희랍어 원문과 여러 번역판에 이 구절이 어떻게 번역되어 있는지 살펴보자:

• 희랍어 원문으로 "화내는 것"을 *파록수네타* 라고 하는데, "화가 난 상태로 오래 끈다" 혹은 "화가 났을 때 자기 정당화 하는 덫에 빠진다" 등의 뜻을 갖고 있다. 즉 진정으로 **사랑**하는 사람은 자신의 자존심을 지키기 위해 지나치게 오래 화를 내지는 않는다는 뜻이다.
• 개역개정판에는 "성내지 아니하며"라고 되어 있다. 즉 "성질을 부리지 않는다"는 것으로서 원문의 뜻을 잘 드러내고 있다.
• 영어 성경 가운데 이런 뜻을 잘 표현한 번역은 "성미가 급하게 화를 내지 않는다"(NRSV)는 것과 "어떤 자극에 의해 화를 내도록 유발당하지 않는다"(KJV)는 것 등을 찾아 볼 수 있다.

성경의 다른 부분을 살펴보자. 에베소서 4:26-27에 보면 **"분을 내어도 죄를 짓지 말며 해가 지도록 분을 품지 말고 마귀에게 틈을 주지 말라"** 라고 말한다. 이 말씀을 자세히 읽어보면 아래와 같은 메시지를 찾을 수 있다:
• 분을 내는 것 자체가 잘못은 아니다.
• 기독교인은 화를 내서는 안 된다고 선언하지 않는다.
• 분을 내되 "어떻게" 내느냐 하는 것이 더 중요하다는 점을 말하고 있다. 즉 분을 내면서 죄를 지을 수도 있고 죄를 짓지 않을 수도 있음을 말해 준다. 또한 분을 해가 지도록 품을 수도 있고, 해가 지기 전에 풀고 잘 수도 있다고 말하고 있다.
• 분을 내는 틈을 이용하여 마귀가 공격을 할 수가 있지만, 그것을 허락하지 않고 거부할 수가 있다는 것을 말해 주고 있다.

성경의 이야기를 보면 하나님께서도 화를 내셨고 예수님도 화를 내셨다. 하나님은 모세가 거듭하여 하나님의 계획과 요청을 거부하자 모세를 향하여 노(화)를 발하셨고 (출애굽기 4:14), 이스라엘 백성들이 "악한 말로 원망"할 때 하나님께서 진노하셨다 (민수기 11:1). 또한 그들이 금송아지를 자기들의 신이라고 숭배할 때 백성들을 향하여 노하셨다 (출애굽기 32:11-12).

예수님은 병자를 안식일에 고친다고 그를 적대하는 자들을 향하여 분노하셨다 (마가복음 3:5). 또한 성전에서 물건을 사고파는 사람들에게 화를 표현하셨다 (마태복음 21:21; 요한복음 2:14-16).

화를 낸다는 것은 살아 있다는 증거요, 관계에 대한 사랑과 열정이 건강하게 살아 있다는 증거이다. 자존심이 상하고 인격을 무시당하는 데도 화를 내지 않는 것은 자신을 포기했다는 증거이고, 관계가 더 이상 중요치 않다는 것이다. 단지 우리는 화를 내는 목적을 잘 이해하고, 왜 화가 나는지 잘 분석하여 상대방에게 나의 분노를 잘 표현하여 상호간의 이해를 증진할 수 있도록 해야 하는 것이다.

그러나 다른 한편으로 화를 잘못 낼 때에는 우리가 죄를 지을 수가 있고, 관계와 생명을 파괴할 수가 있다. 그래서 성경의 여러 곳에서 <분노(anger)>를 죄의 목록에 기록하고 있는 것이다 (고린도후서 12:20; 갈라디아서 5:20; 에베소서 4:31; 골로새서 3:8).

우리는 왜 화를 내는가?

한국에서 있었던 일이다. 100% 남학생만 있던 대학교의 어떤 학과에 역사상 처음으로 여학생이 들어왔다. 그 여학생은 나이도 동료 남학생들보다 좀 많고, 혼자만 여자라는 사실 때문에 늘 긴장하여 지냈다. 얼마 지나지 않아 그녀를 잘못 대했다가는 큰 코 다친다는 평판이 났는데, 어느 날 그녀는 화사한 봄옷을 입고 학교식당에 나타났다. 그러한 모습을 본 적이 없었던 남학생들이 모두 놀라서 쳐다보았다.

그런데 그 중 한 명이 그녀 옆을 지나가다 넘어져 그녀의 깨끗한 치마에 쥬스를 쏟고 만 것이다. 물론 고의가 아니었는데, 식당 안이 갑자기 조용해졌다. 모든 사람들이 이제 그 후배는 큰일 났다고 하는 동정의 눈으로 바라보았다. 그러나 놀랍게도 그 여학생은 화를 내지 않고 옷을 털면서 "괜찮아! 그럴 수도 있지!" 하는 것이었다. 모두들 놀라 사정을 알아보니, 바로 전날 그녀가 좋아하던 남학생으로부터 사랑의 고백을 들었다는 것이다. 그녀에게 있어서 오늘은 세상에 태어나 가장 행복한 날이었고, 그 누구도 그녀의 기분을 망칠 수가 없었다. 이 여학생의 이야기는 우리에게 다음과 같은 사실들을 말해주고 있다.

- 화가 나는 것은 누가 나에게 잘못을 했기 때문만은 아니다.
- 그 당시의 나의 상태에 따라 내가 화를 낼 수도 있고 안 낼 수도 있다.
- 그 당시에 내가 행복한 상태에 있으면 화가 나지 않을 수도 있다

화가 날 때 그 원인을 상대방에게만 전적으로 돌리는 것이 올바르지 않다. 화가 나는 이유는 상대방에게 뿐 아니라 나 자신에게도 있는 것이다. 이제 우리가 왜 화를 내는지 화의 해부학을 통해 분석해 보자.

화(Anger)의 해부학

화(anger)를 일으키고 밖으로 나타나기까지의 과정을 해부해 보면 화(anger)라는 것이 세 가지 요소로 되어 있는 것을 알 수 있다. 화를 구성하는 첫 번째 요소는 화의 **시발요인**(Stimulus of Anger)이다. 이것은 나로 하여금 좌절케 하고 속상하게 하여 화를 나게 만든 어떤 사건이다. 어떤 사람의 기분 나쁜 말이나 무례한 행동 혹은 일의 좌절이나 목표를 성공하지 못한 실패 등이 될 수 있다.

우리는 이 시발요인이 나를 화나게 만든 장본인이라고 생각하여 화를 쏟아붓는 대상으로 삼을 때가 많다. 그래서 우리는 우리에게 무례한 행동을 한 대상에게 소리친다. "네가 문제야! 너 때문에 화가 나서 못 참겠어!" 그가 나에게 해를 입힌 만큼 나의 화(anger)에 대해 책임이 있다. 그러나 그에게 모든 책임을 떠넘기는 것은 상황을 공정히 분석하지 못하는 것이 된다. 그 사람이 나에게 잘못한 것은 내가 화를 내는 여러 요인들 중 시발요인이 될 뿐이다.

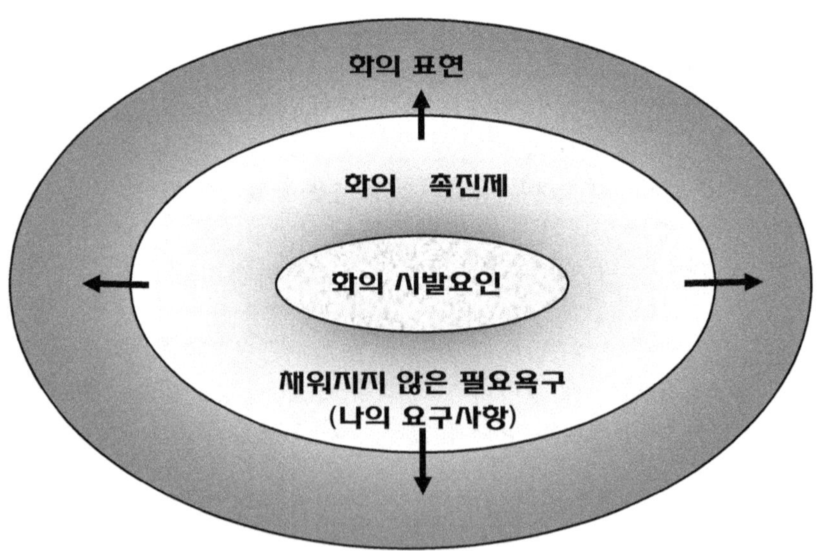

　　화를 구성하는 두 번째 요인은 **화의 촉진제 및 격감제**이다. 이것은 각자가 인간으로서 갖고 있는 여러 가지 필요욕구들이 그 당시 얼마나 채워져 있느냐 하는 것이다. 즉 그 당시 내가 재정적인 문제로 힘든 상황이었든지, 자녀 문제나 직장 문제로 신경이 곤두 서 있었던 상황이었다면, 별일 아닌 일에도 크게 화를 내게 되는데, 이것이 곧 **화의 촉진제**이다.

　　그러나 반대로 위에서 언급했던 여학생의 경우처럼 자기가 원하는 사람에게 충분히 사랑받고 행복한 상태에 있었다면, 상대가 웬만한 큰 실수를 했더라도 화가 나지 않을 수 있는 것이다. 이렇게 **채워진 필요욕구**는 화를 격감시키는 **화의 격감제**가 되는 것이다.

　　화를 구성하는 세 번째 요인은 **화의 표현**이다. 속에서부터 끓어오르는 분노를 밖으로 표현하는 것을 말한다. 화를 표현하는 데는 여러 방법이 있는데, 그 중에서 가장 적절한 것을 찾아 표현해야 한다. 그렇게 해야만 관계를 계속 유지하고, 화를 내는 궁극적 목적을 달성할 수가 있게 되는 것이다. 그러나 우리는 자주 올바르지 않은 방법으로 화를 표현하고 있다.

　　첫 번째로, 화를 표현하는 잘못된 방법들 중에서 가장 흔한 것은 엉뚱한 상대에게 나의 화를 뒤집어씌우는 것이다. 여기에는 두 가지 종류가 있는데 (a) 가해자가 너무 힘이 커서 상대할 수 없을 때 주위의 나보다 약한 사람들에게 화를 내는 경우이다. 즉 상사에게 화가 났는데 집에 와서 아이들에게 화풀이 하는 것이나, 목사님에게 화가 났는데 새로 나오는 교인들에게 화풀이 하는 것과 같은 예이다. 그리고 (b) 정작 화를 내야할 대상이 이미 죽었거나 옆에 없을 때 주위사람들에게 화를 내는 경우이다. 즉 부모님에게 화가 났는데 돌아가셔서 배우자에게 화를 내는 것이나 정부에게 화가 났는데 주위의 가난한 이민자들에게 화풀이 하는 것 등의 예이다.

　　두 번째로, 화를 표현하는 잘못된 방법은 화를 폭력으로 표현하는 것이다. 여기에는 육체적 폭력, 말의 폭력, 명예적 폭력, 이익에 해를 입히는 폭력 등이 속한다. 이와 같이 화를 잘못된 방법으로 표현하게 되면 정작 화를 내는 목적을 달성하지 못하고, 관계만 파괴하는 결과를 갖게 된다. 우리는 위와 같이 화를 내는 방법을 꼭 피해야 한다. 즉 화를 내야할 정당한 대상에게 화를 내야하며, 그 정당한 대상이 죽고 없을 때에는 신뢰할 수 있는 친구나 가까운 사람에게 자신이 화가 나는 상황과 이유 등에 대해 이야기를 나누고, 자신이 원하는 바를 제2의 방법으로 얻도록 해야 하는 것이다. 또한 우리는 화를 비폭력적인 방법, 즉 대화를 통해 푸는 것을 철칙으로 삼아야 한다. 폭력은 잠간이라도 그 결과는 아주 오랫동안 상처로 남아 있기 때문이다.

화를 내는 목적은 무엇인가?

그렇다면 정작 화를 내는 목적은 무엇일까? 우리는 무엇을 성취하려고 화를 낼까? 우리가 화를 내는 목적은 다음의 세 가지 목적을 달성하려는 것이다.

- 벌어진 상황 (일어난 사건) 때문에 내가 어떠한 손해 및 상처를 입었는지 상대방에게 분명히 알게 하는 것.
- 그 일 때문에 나의 감정 상태가 어떤지 알게 하는 것.
- 내가 상대방에게 원하는 것이 무엇인지 알게 하는 것.

우리가 화를 냄으로써 위의 목적들을 달성하려면 화를 *바로* 내는 방법을 알고 실천해야 한다. 만일 화를 내고서도 위의 목적을 달성하지 못한다면 우리는 감정적 육체적 에너지를 낭비하는 것이 될 것이다. 그러나 많은 경우에 우리는 감정의 노예가 되어 추하게 화풀이만 하고 위의 목적들을 달성하지 못한다. 이제 화를 바로 내는 방법에 대해 생각해 보자.

"화를 온전히 표현하라! (Express Your Anger Fully!)"[1]

화를 온전히 표현하려면 화를 구성하는 네 가지 요소를 다 표현해야 한다.

- 시발요인
- 채워지지 않은 필요욕구
- 요구사항
- 그리고 감정의 표현 등을 모두 다 전달해야 하는 것이다.

이 네 가지를 본인이 깨닫고 정리하여 표현하기 위해서 가장 필요한 것은 시간을 버는 일이다. 즉 화가 막 올라오는 순간 우리는 큰 숨을 쉬던지 잠시 자리를 피하던지 하여 시간을 벌어야 한다. 이 시간 동안 위의 네 가지 요소를 정리해야 한다. 화를 온전히 표현하는 단계들을 정리해 보면 다음과 같다.

1. 크게 숨을 쉬든지 잠시 자리를 피하여 시간을 번다.

---

[1] Marshall B. Rosenberg, *Nonviolent Communication: A Language of Life.* 2nd ed. (Encinitas, CA: Puddle Dancer Press, 2005), 141-154.

    a. 속에서 올라오는 대로 (머릿속에서 자신에게) 말한다.

    b. 속에서 올라오는 불만의 소리에 귀를 기울여, 내가 왜 화가 나는지 생각해 본다. 즉 나에게 채워지지 않은 필요가 무엇이며, 나를 정말로 화나게 하는 요인이 무엇인지 깨닫는다.

2. 네 가지 화의 요소들을 말한다.

    a. **시발요인에 대한 관찰진술:**
      상대방의 어떠한 행동이 나의 화를 도발했는지 말한다.

    b. **화의 상태:**
      그 행동 때문에 어떠한 분노가 일어나고 있는지 전달한다.

    c. **채워지지 않은 필요/욕구:**
      그 행동 때문에 채워지지 않은 필요가 나에게 있다면 무엇인지 말한다.

    d. **요구사항:**
      내가 상대방에게 바라는 바를 말한다.

화를 바르게 표현하는 구체적인 진술방법은 아래와 같다.

▶ 화의 시발요인	"나는 <u>네가 --- 했을 때</u>
▶ 화의 감정적 표현	<u>---하게 화가 났습니다</u>
▶ 채워지지 않은 필요	왜냐하면 <u>나는 ---이 필요하기 때문인데</u>
▶ 요구사항	<u>--- 해 주시겠습니까?"</u>

◈ 생각을 돕는 질문:

위의 예를 따라서 내가 최근에 화를 낸 경우를 다시 표현하는 연습을 해 보십시오.

예수님이 화가 나셨을 때 어떻게 하셨는가?

예수님이 화가 나셨을 때, 어떻게 대응하셨는지 살펴보자. 예수님은 바리새인들이 간음한 여인을 끌고 와서 모세의 율법대로 돌로 쳐죽여야 하느냐고 물었을 때 분명히 화가 나셨을 것이다 (요한복음 8:1-11).

그런데 예수님은 먼저 시간을 벌으셨다. 화가 나는 대로 막 퍼부어 대거나, 끓어오르는 화를 **즉시로** 혹은 **감정적으로** 표현하지 않으신 것이다. 예수님은 "몸을 굽히사 손가락으로 땅에 쓰시"면서 먼저 시간을 끌으셨다 (요한복음 8:6). 이 때에 예수님의 머릿속에서는 어떤 생각들이 오고 갔을까?[2]

> [예수님의 머릿속에서 바리새인들에게]
> "너희들이 의로우면 얼마나 의로우냐? 율법을 너희 손아귀에 넣고 힘없는 백성들을 억누르고 있구나! 하나님의 율법을 존중 한다면서 어찌하여 하나님의 뜻을 따르지 않느냐! 너희들이 하 늘나라에 가겠느냐!..."

이러한 생각을 하면서 예수님은 자신이 진정으로 원하시는 바를 정리하 셨을 것이다. 우리는 아래와 같이 상상해볼 수가 있다.

> [예수님이 진정 바라는 것]
> "이제 사람들이 서로 정죄하고, 처벌하는 삶을 그만두고, 서로 사랑하기를 바란다. 더 이상 율법의 노예, 정죄와 처벌의 무서 움 속에서 살지 말고, 이제는 하나님 안에서 서로 용서하고 사 랑하는 법을 배워 자유로운 자녀로서 살기를 바란다."

위의 여러 가지 생각들이 예수님의 머릿속을 지나쳤겠으나 예수님이 정작 하신 말씀은 참으로 간단하다:

---

[2] 다른 고대사본들에는 예수께서 땅에다 "그들 각자의 죄목을 땅에 쓰시니"라고 되어 있다. 여기에 대해서는 표준새번역 개정판의 같은 구절의 주석을 찾아보라. 예수께서 바리새인 각자의 죄목을 땅에 쓰고 있었다면, 그들만이 아는 죄들이 천하에 들어나는 것이 부끄러워 하나씩 하나씩 도망갔을 것이다. 그러나 이 부분이 없는 사본들도 많이 있음을 기억해야 한다.

"너희 중에 죄 없는 자가 먼저 돌로 치라" (요한복음 8:7). 이 문장 가운데에는 화의 세 가지 요소들이 모두 들어있을까? 첫째로, 예수님은 일어난 사건에 대한 시발요인으로 **너희들 가운데**에서 서로 **정죄**하여 **돌로 치는** 행위였다. 예수님은 이 사건에 대해 분명히 진술하고 계시다. 둘째로, 이 사건으로 인한 예수님의 분노의 표현이다. 예수님은 화가 나는 것을 **침묵의 글쓰기 행동**으로 나타내셨다. 침묵의 시위는 때때로 감정의 폭발보다 더 효과적으로 화를 나타낼 수 있다. 셋째로, 화의 요소는 그 사건으로 인해 예수님에게 채워지지 않은 필요사항과 그에 따른 요구사항이다. 예수님의 채워지지 않은 필요사항은 **너희들**이 서로 **정죄**하지 않는 것이며, **돌로 치지** 않는 것이다. 바꾸어 말하면 모든 사람들이 하나님의 자녀가 되어 서로 사랑하며 사는 것이다. 즉 하나님의 나라가 이 땅위에 이루어지는 것이다. 이것을 채우기 위해 예수님이 그들에게 요구한 것은 **남을 정죄하기 전에 스스로를 돌아보라, 그리고 정죄하는 삶을 그만두라**는 것이다. 우리는 이러한 요소들이 짤막한 문장 안에 함축되어 있다는 것을 읽을 수 있다. 예수님의 짤막한 문장에서 우리가 더 배울 수 있는 것은 예수님이 세 가지 요소들을 다 말하면서도 상대방 위에 군림하여 정죄하는 태도로 바리새인들을 대하지 않았다는 것이다. 아무리 절제된 말이라 해도 그 태도가 정죄하는 태도라면 누구든지 반발을 할 것이다. 그러나 예수님은 그들로 하여금 스스로를 돌아보도록 하여, 돌로 치던지 안 치던지 스스로 생각하고 판단하여 행동하도록 하였던 것이다.

예수님의 다음 행동은 "다시 몸을 굽히사 손가락으로 땅에 쓰시니"이다. 화를 내기 전에 자신을 위해 시간을 버는 것도 중요하지만, 자기가 할 말을 다 한 후 상대방이 생각하고 행동을 바꿀 시간을 주는 것 역시 중요하다. 이것은 상대방을 믿어 주고 존중해 준다는 메시지를 전달해 준다. 상대방을 인격적으로 대해 줄 때 그는 보다 인격적인 결정을 내리고 행동을 하게 되는 것이다.

예수님은 이렇게 절제된 행동을 통해 화를 표현함으로써 화를 내는 목적을 다 이루었다. 즉 자신이 어디에 대해 왜 화가 났으며 자신이 원하는 것은 무엇이고, 상대방에게 요구하는 것이 무엇인지 분명히 전달할 수 있었고, 상대방이 결국 예수님이 원하는 대로 바뀌게 된 것이다.

이 구절에서 우리는 화의 해부학과 표현법이 예수님의 삶 속에서 입증되었다는 것을 보았다. 예수님은 우리가 바로 이런 식으로 화를 내기를 원하시는 것이다. 이렇게 화를 낼 때에 관계는 더 좋아지고 공동체는 더 건강하게 되는 것이다.

하나님이 화가 나셨을 때 어떻게 하셨는가?

하나님께서 화가 나셨을 때에도 비슷한 모습을 보이셨다. 이스라엘 백성들이 금송아지를 만들고 자기들의 하나님으로 숭배했을 때 너무나 화가 나셨다 (출애굽기 32:10). 그런데 화가 나신 그 즉시로 화를 쏟아 부으시지 않으시고 다음과 같은 과정을 택하셨다.

시간을 벌으셨다

하나님께서 화가 나셨을 때 가장 먼저 하신 일은 모세와 대화하시면서 여러 가지 생각을 정리하셨다 (출애굽기 32:7-10). 이렇게 화가 나는 대상에게 당장 달려가 모든 화를 쏟아붓는 것보다 먼저 가까운 사람과 그 상황에 대해 이야기하면서 자신이 왜 화가 나는지 정리해 보는 시간을 가지는 것이 중요하다.

화의 시발요인을 말씀하셨다

하나님은 분노의 시발요인을 "백성이 부패하였도다 그들이 내가 그들에게 명령한 길을 속히 떠나 자기를 위하여 송아지를 부어 만들고 그것을 예배하며 그것에게 제물을 드리며 말하기를 이스라엘아 이는 너희를 애굽 땅에서 인도하여 낸 너희 신이라 하였도다" (출애굽기 32:7후반-8). 화가 난 이유를 정리해 보면 아래와 같다:
- 하나님께서 그들에게 명령한 길을 속히 떠났다
- 자기들을 위해 금송아지를 만들어 그것을 예배하고 제물을 드렸다
- 금송아지가 곧 그들을 애굽에서 인도하여 낸 신이라고 하였다

화가 난 감정을 표현하셨다

하나님은 이스라엘 백성을 진멸하시고자 할 정도로 화가 나셨다고 표현한다. 그뿐 아니라 백성들이 더 이상 하나님의 백성, 즉 "나의 백성"이 아니라 모세에게 속한 "너의 백성"이라고 부르시면서 거리를 두셨다.

이 백성을 보니 목이 뻣뻣한 백성이로다 그런즉 내가 하는 대로
두라 내가 그들에게 **진노**하여 그들을 **진멸**하고"[자 한다]
(출애굽기 32:9-10).
여호와께서 모세에게 이르시되 너는 내려가라. **네가 애굽 땅에서
인도하여 낸 네 백성**이 부패하였도다" (출애굽기 32:7).

채워지지 않은 필요를 말씀하셨다

하나님은 백성들이 하나님의 백성이 되어 하나님을 신뢰하고 섬기며 예배하기를 원하신다. 이러한 관계적 필요는 아브라함과 모세를 통해 맺은 언약을 통해 상호간 인정한 것이었다 (창세기 17:1-8; 출애굽기 19:3-6). 그러나 이러한 필요가 채워지지 않았다.

백성들은 (1) 하나님께서 명하신 그 길을 속히 떠났고 (출애굽기 32:8), (2) 하나님께서 애굽에서 그들을 해방하고 인도하여 주신 신이라는 것을 부정했다 (출애굽기 32:8).

요구사항을 말씀하셨다

하나님은 백성들을 진멸하시겠다고 결심하시고 모세에게 두 가지를 요구하셨다.

- 백성들에게 하나님의 메시지(진노하심과 진멸의 결심)를 전달하라 (출애굽기 32:7).
- 모세를 통해 하나님의 나라를 다시 세우겠다고 하는 뜻에 협력하라 (출애굽기 32:10).

이상에서 보는 것과 같이 하나님께서 화가 나셨을 때에도 화를 온전히 표현하는 과정들을 모두 사용하시는 것을 볼 수 있다. 즉 **먼저 시간을 벌고, 화가 나는 모든 요인들을 설명하면서**, 당신의 **요구사항을 분명히 말씀하신** 것이다. 이러한 과정을 통해 하나님께서는 원래 가지셨던 진멸의 "뜻을 돌이키사 말씀하신 화를 그 백성에게 내리지 아니하시니라" (출애굽기 32:14).

❧ 제 15 과의 핵심내용 ❧

1. 화를 내는 것에 대한 성경적 이해
   - 화를 내는 것 자체가 잘못이라고 말하지 않는다.
   - 화를 내되 "어떻게" 내느냐 하는 것이 더 중요하다고 말한다.
   즉 화를 내되 죄를 짓거나 마귀의 공격에 넘어가지 말아야
   한다는 것이다.
2. 화를 온전히 표현하는 과정과 요소들
   - 자신의 생각과 상황을 **정리할 시간**을 번다.
   - 시발요인(사건)을 말한다.
   - 얼마나 화가 나 있는지 **감정의 표현**을 한다.
   - 그 사건 때문에 **채워지지 않은 나의 필요**가 무엇인지 말한다
   - 채워지지 않은 필요를 복구하기 위해 내가 가진 **요구사항**을
   말한다.

❧ 핵심 성경구절 ❧

분을 내어도 죄를 짓지 말며 해가 지도록 분을 품지 말고
마귀에게 틈을 주지 말라 (에베소서 4:26-27).

묵상과 대화를 위한 질문

1. 화를 잘 내는 방법을 배우고 연습해야 한다는 것 자체가 우리에게는
   매우 이상하고 비현실적으로 들릴 것입니다. 이렇게 거부반응이
   일어나는 이유가 무엇인지 다음의 이유들을 살펴보고 서로 이야기
   해 봅시다:

   (1) 화만큼은 내가 하고 싶은 대로 내고 싶다.

(2) 이성적으로 생각할 여유가 있다는 것은 화가 난 것이 아니다. 정말 화가 나면 이성을 잃는다.

(3) 사람이 화를 낼 때는 마음껏 내야 관계도 더 좋아진다.

2. 다음의 예들은 화를 온전히 잘 표현하는 방법을 연습할 수 있도록 도와주는 것들입니다. (A)는 화를 잘 표현하는 방법을 예로 든 것입니다. 그리고 (B)부터 (F)까지는 연습할 것들입니다.

(A) 삼 주째 예배시 동시통역기가 준비되지 않았을 때 예배위원장 담당자에게 화가 나서 하는 말:

(잘못된 화의 표현)
"김 집사님(담당자)은 도대체 예배를 어떻게 알고 있는 거요? 그렇게도 관심이 없어요? 사람이 왜 그래요?"
(1) 시발요인에 대한 관찰진술 → [없다]
(2) 감정 표현 → [인격적 공격으로 표출된 감정표현만 있다]
(3) 나의 필요 → [없다]
(4) 나의 요구 → [없다]

(바로 된 화의 표현)
(1) 시발요인에 대한 관찰진술: "김 집사님! 삼 주째 동시통역기가 준비되지 않으니까"
(2) 감정표현: "제가 무척 당황스럽고 등에 땀이 납니다."
(3) 나의 필요: "예배를 담당하는 저로서는 통역기 준비가 매우 중요합니다."
(4) 나의 요구: "다음 주 부터 꼭 준비되도록 해 주십시오"

(B) 이 주일째 30분씩 늦게 오는 L 집사님께 교회학교 교장이 하는 말:

(잘못 된 화의 표현)
"L집사님, 이렇게 밤낮 늦게 오면 어떻게요! 아이들한테 미안하지도 않으세요?"

(바로 된 화의 표현)
    (1) 시발요인에 대한 관찰진술 ______________________
    (2) 감정표현   ______________________
    (3) 나의 필요   ______________________
    (4) 나의 요구   ______________________

(C) 어제 저녁 교회친구들과 식사하면서 내가 한 말에 대해 아무것도 모르는 사람이라고 핀잔을 준 남편에게 부인이 하는 말:

(잘못 된 화의 표현)
    "당신은 왜 언제나 내 말을 무시하세요? 내가 그렇게 만만하세요?"

(바로 된 화의 표현)
    (1) 시발요인에 대한 관찰진술 ______________________
    (2) 감정표현   ______________________
    (3) 나의 필요   ______________________
    (4) 나의 요구   ______________________

(D) 비밀을 지켜달라고 한 약속을 깨고 말해버린 친구에게 하는 말:

(잘못 된 화의 표현)
    "너는 정말 못 믿을 인간이야. 어쩜 비밀을 하루도 참지 못하고 다 말해버리니? 그렇게 입이 가벼운 줄 몰랐다 애!"

(바로 된 화의 표현)
    (1) 시발요인에 대한 관찰진술 ______________________
    (2) 감정표현   ______________________
    (3) 나의 필요   ______________________
    (4) 나의 요구   ______________________

3. 다음의 이야기를 함께 읽고 이야기를 나누어 보세요

화 잘 내기 연습
(Y집사님)

"나는 왜 이 모양일까?" 나는 늘 화가 나는 것 때문에 내가 사랑하는 사람들의 마음을 아프게 하고, 그로 인해 죄책감에 사로잡혀 살았다. 이 것을 위해 세미나에도 가고 수차례 교육도 받으며 노력한 결과 나의 삶에 새로운 깨달음이 생겼다. 화(분노, anger)는 우리가 갖는 감정 중 하나이지만, 어떻게 경험되고 표현되는가에 따라 인간관계에 큰 영향을 주며, 순간적인 감정 폭발은 폭력으로 이어질 수 있기에 화는 감정 중 가장 위험한 감정이라는 것을, 또 화를 해소하지 못하고 방치, 억제하면 우울이나 무능력으로 갈수 있으므로 무조건 참는 것은 결코 바람직한 방법이 아니라는 것을 알았다.

얼마 전 나는 화해사역을 통해 예수님도 화가 나셨을 때가 많이 계셨음을 성경구절을 통해 알았을 때 화가 남으로 가졌던 죄의식으로부터 자유로워질 수 있었다. 화는 건강한 정신의 소유자가 갖는 감정이고, 화를 내지 않고 살 수 없다면, 화해사역과 같은 교육과 연습을 통해서 화를 다스릴 수 있는 사람이 되는 것이 성숙한 신앙인의 자세가 아닐까 생각해 본다.

"화를 잘 내는 방법," 말이 좀 우습다고 생각되지만 화는 당연이 날 수 있는 감정이기 때문에, 이 화를 다스리는 방법을 배워 매일 조금씩 달라지려고 노력한다면 나의 미래는 정말로 아름다운 인간관계를 나에게 선물로 줄 것이다. 화를 잘 조절 못해서 내가 사랑하고 아끼는 사람들에게, 특히 소중한 나의 가족에게 나의 사랑이 잘못 전달된다면 이보다 슬픈 일은 없을 것이다.

분노가 올 때는 초기 신호가 있다고 한다. 물론 사람마다 다르겠지만 일반적으로 몸이 떨리고, 얼굴 근육이 긴장되고, 이를 악물고, 가슴이 눌리고, 소리를 지르고, 사실이 아닌 말들을 하게 된다고 한다. 또 화가 나는 이유는 그 당시의 상황 때문일 수도 있고 며칠 전 아니면 그보다 훨씬 전의 일이 화의 시발점이 될 수도 있으므로 정말 무엇 때문에 화가 났는지 분석해 보는 것도 필요할 것이다.

사람마다 화를 다스리는 방법이 다르겠지만 나의 경우는 화의 초기 신호가 오면 우선 Time Out을 15-20분 정도 가지고 일단 그 상황에서 벗어난다. 이것은 상황을 회피하는 것이 아니라 새로운 시각에서, 새로운 마음으로 내가 원하는 것을 얻고 전달하기 위해 접근하는 방법이다. 화가 나면 내가 화났음을 상대에게 알리고 그 상황에서 벗어난다. 어떤 때는 산책을 하기도 하고, 거울을 보며 화나 있는 아름답지 못한 나의 모습을 보며 스스로에게 진정하라고 말한다. 그리고 내가 화난 이유, 나의 느낌과 바람을 상대에게 가장 효과적으로 전달하기 위해 대화할 내용을 간단히 연습해 보고 대화에 임한다.

물론 매번 이렇게 하려고 노력하지만, 아직까지도 이 시기를 놓치고 화를 내고 후회할 때가 있다. 하지만 상대가 내가 바뀌어 가고 있는 것을 느끼고 있을 뿐만 아니라, 나도 예전과는 많이 달라져 가고 있는 모습에 노력하면 달라질 수 있다는 확신을 갖고 있다. 우리의 자녀들도 이러한 방법으로 화를 다스릴 줄 아는 사람으로 교육되고 성장한다면 좋은 인간관계를 갖게 되어 멋진 삶을 살 것이라고 믿는다.

"지금부터 절대로 화를 내지 말자"고 다짐하기보다는 화가 날 때 이 화를 건설적으로 다스려가는 방법을 배워 실천하는 것이 지혜로운 방법일 것 같다.

✢ 위의 글을 읽고 느낀 점들을 함께 이야기해 봅시다.

제 16 과
용서의 여정

"집단 왕따, 살인음모, 인신매매! 이것들이 바로 요셉이 열 명의 형들로부터 당한 일이었다. 힘으로는 도저히 맞설 수 없는 상황에서 그저 일방적으로 당하고 말았다. 정신을 차리고 보니 머나먼 이국 땅의 노예가 되어 있었다. 불 끓는 분노, 회오리바람 같이 덮쳐오는 좌절감, 북받쳐 오르는 억울함과 슬픔으로 괴로워했다. 그러나 살아남아야 한다. 살아서 무엇인가 끝장을 보아야 한다. 이렇게 사라질 수는 없다! 하나님, 왜 나를 버리시나이까?"

요셉이 애굽 땅에서 일기를 썼다면 아마도 위와 같이 쓰지 않았을까 상상해 본다. 요셉은 이 어둡고 무서운 웅덩이로부터 벗어나서 먼 훗날 형들과 다시 만나고 그들을 용서하는 데까지 길고 긴 여정을 항해해 갔다. 그는 과연 어떠한 감정의 파도를 타고 어떠한 변화의 섬들을 지나 조용한 용서의 항구에 도착할 수 있었을까?

요셉이 형들을 진정으로 용서하기까지 거친 단계들을 하나씩 점검해 보면서 그의 용서의 여정에 동참해 보기로 하자. 요셉이 거쳐 간 단계들은 다음과 같다:

- 쓰러진 자신을 일으켜 세우기
- 가해자들의 관찰
- 가해자들과의 맞대면
- 잃었던 가족들과의 재회
- 쌍방적 용서

1. 쓰러진 자신을 일으켜 세우기

용서를 하기 위해 첫 번째로 거쳐야 하는 단계는 쓰러진 자신을 일으켜 세우는 것이다. 억울하고 기가 막힌 일을 당했을 때 피해자는 많은 것을 함께 잃어버린다. 육체적 힘, 물질적이고 사회적인 면에서의 안전 장치, 영적인 에너지, 그리고 삶에 대한 의욕을 잃어버린다. 이렇게 많은 것들을 잃게 될 때에 삶을 택할 것이냐 죽음을 택할 것이냐 하는 선택을 눈 앞에 맞게 되는 것이다.

　　요셉은 애굽에 종으로 팔려갔을 때에 자살을 택할 수도 있었다. 그러나 그는 살아남기로 하였다. 그는 자신의 이야기를 거기에서 그칠 수가 없다고 생각한 것이다. 모든 것을 잃어버린 상태에서 생존을 위한 전쟁을 시작했다.

　　요셉은 애굽의 주인 보디발의 집에서 집노예로서 살아남아야 했다. 주인의 부인을 겁탈했다는 누명과 그에 해당하는 형벌로부터 살아남아야 했다. 그리고 감옥생활에서 살아남아야 했고, 바로의 꿈을 해몽해 주는 과정에서 살아남아야 했다. 요셉은 이 모든 시험으로부터 살아남았다. 그리고 많은 것을 회복했다

　　요셉은 바로의 꿈을 해몽해 주면서 바로 왕의 신임을 얻게 되었다. 이제서야 요셉은 애굽에서 목숨을 보존할 수 있는 확실한 바탕을 마련하게 된 것이다 (창세기 41:37-39). 그뿐만이 아니다. 애굽의 총리로 임명되어 드디어 물질적으로나, 사회적으로 안전장치를 회복하게 되었다 (창세기 41:41-43). 요셉은 또한 아내를 맞아 가정을 이루고 두 아들을 얻었다. 그의 나이 삼십 세였다 (창세기 41:45, 50-52). 이 모든 회복의 축복 이외에 요셉은 총리로서 수많은 민족을 기근에서 건지는 업적까지 이루게 되었다. 온 세상 사람들이 부러워할만한 사회적 성공을 거둔 것이다 (창세기 41:53-57).

　　요셉의 회복을 어떻게 설명할 수 있을까? 성경은 그 회복을 한마디로 **하나님과 함께 동행**했기 때문이라고 설명한다. 그가 하나님과 동행했다는 사실은 그의 행동과 삶의 열매들로부터 주위 사람들에게 익히 알려졌다. 그를 만나는 모든 사람들이 그에게 하나님이 함께 하신다는 것을 알고 그를 존중해 주었던 것이다 (창세기 39:2-4, 20-23; 41:38-39).

　　예수님도 죽음에서 다시 살아나셨기에 그의 곁에서 떠난 제자들을 용서하실 수 있었다. 또한 그는 부활하여 건재하셨기에 그의 양떼들을 박해하고 죽이는 사울도 만나 그를 용서하고 당신의 제자를 삼을 수 있으셨던 것이다.

　　자신을 잃어버리면 모든 기회를 잃어버리게 된다. 피해자가 되어 쓰러진 바로 그 시점에서 그의 이야기가 끝나 버리게 되는 것이다. "하나님이여, 어찌하여 나를 버리시나이까?"하고 절규하는 그 시점에서 하나님의 역사는 시작된다. 하나님의 이야기는 오직 살아남기로 결단하고 자신을 일으켜 세우는 사람들과 함께 만들어지게 되는 것이다. 하나님은 이런 사람들을 일으켜 세우신다!

1. 가해자들의 관찰 : 상처와 분노의 인정 및 표출;
시각의 변화

요셉이 다시 형들을 만나게 된 것은 고향을 떠난 지 22년이 지난 후였다 (17세에 애굽으로 팔림; 30세에 총리 취임; 7년 풍년 후 2년의 흉년이 지났음). 이미 총리가 되어 있던 요셉은 기근 때문에 음식을 사러 머나먼 애굽 땅까지 찾아 온 형들을 만나게 되었다. 22년이란 세월이 흘렀지만 형들을 만난 순간 요셉은 바로 22년 전으로 돌아간 것을 느꼈다. 요셉은 **가해자**인 형들 앞에서 자신이 다시 **피해자**가 되어 억울함과 분노 속에서 떨고 있는 자신을 발견했을 것이다. **가해자들과의 대면**, 바로 이것이 용서의 여정 가운데 요셉이 도착했던 두 번째 섬이었다. 하나님은 요셉이 형들을 다시 만날 준비가 되었다고 판단하셨을 때에 만나게 하셨다.

요셉은 음식을 사러 온 이방인들에 불과한 형들 앞에서 절대 권력을 가진 애굽의 총리로 대면하였지만, 자신의 정체를 밝히지 않았다. 그 이유는 형들은 여전히 믿을 수 없는 존재들이었고, 그러한 형들에 대한 분노가 아직도 부글부글 끓어올랐기 때문이었다. 요셉은 형들이 얼마나 악한지 다시 한 번 두 눈으로 확인해 보고 싶었다. 그들의 악함이 드러나는 대로 그들에게 벌을 내려 줄 작정이었다. **가해자**들과 대면할 때 속에서부터 분노가 올라오는 것은 매우 자연스러운 일이다. 분노가 올라올 때, 그것을 인정하고 잘 표출하는 것이야 말로 용서로 다가가는 꼭 필요한 단계이다.

요셉은 화가 끓어오르자 형들에게 세 번 씩이나 **정탐꾼**이라고 몰아붙이다: "너희는 정탐들이라 이 나라의 틈을 엿보려고 왔느니라" (창세기 42:9, 12, 14). 그러나 형들이 계속 자신들의 무죄를 주장하자 그들의 진실을 증명할 기회를 준다고 하면서 "너희 중 하나를 보내어 너희 아우를 데려오게 하고 너희는 갇히어 있으라 내가 너희의 말을 시험하여 너희 중에 진실이 있는지 보리라" (42:16) 하였다. 요셉은 형들이 자기의 친동생을 죽였을 것이라고 믿었던 것 같다. 만일 베냐민이 아직도 살아 있다면 – 요셉의 생각에 그것은 가능성이 희박하지만 – 형들을 긍정적으로 다시 평가할 근거가 될 것이다. 형들이 가족상황에 대해 거짓 없이 진실로 대답하는 것을 보고도 요셉은 한 가닥의 희망을 갖고 형들에게 기회를 주게 되었다 (42:13)

요셉의 형들은 여러 번의 테스트를 걸쳐서 옛날의 악했던 사람들이 아니라는 것을 요셉에게 증명해 보였다. 우선 베냐민을 데리고 요셉에게 나타남으로 그들이 요셉의 동생을 죽이지 않았음을 보여주었다 (창세기 43:15). 또한 지불했던 돈이 다시 주머니에 있었던 것을 알고 되돌려 주기까지 하였다 (창세기 43:20-22). 그리고 형들은 베냐민을 위해 기꺼이 목숨을 내놓을 정도로 사랑하고 있음을 보여주었다 (44:1-34). 이것만이 아니었다. 형들은 요셉이 듣고 있는 줄을 모르고 자기들끼리 대화하면서 과거에 요셉에게 행했던 악한 행동에 대해 뉘우치고 죄의식을 갖고 있음을 드러내 주었던 것이다 (42:21-23). 이제 요셉은 형들에 대해 그동안 가지고 있었던 시각을 바꿀 수밖에 없었다. 형들은 변한 것이다. 그동안 울분에 차서 보았을 때에는 형들이 <악의 덩어리>로만 보였지만 이제 형들은 정성으로 베냐민을 돌보고 아버지를 섬기며 과거의 죄에 대해 뉘우치는 **괜찮은 사람들**로 보이기 시작한 것이다.

2. 가해자들과의 맞대면: 원수 갚기의 포기
   하나님 안에서 하나의 이야기 만들기

요셉은 형들을 마지막으로 테스트했다. 베냐민을 애굽에 남겨 놓고 다른 사람들은 모두 아버지에게로 돌아가라고 명한 것이다. 유다가 가슴을 치며 간곡히 부탁하면서 베냐민을 절대로 놓고 갈 수 없으며, 그렇게 되면 연로하신 아버지가 슬픔 때문에 죽을 것이라고 하였다. 베냐민 대신 자기가 종으로 잡혀 있겠다고 하며 아버지와 베냐민에 대한 끈끈한 사랑과 책임을 밝히 보여 주었다.

이 시점에서 요셉은 더 이상 자신의 정체를 숨길 수 없었다. 요셉은 모든 애굽인들과 바로의 궁중에서 다 들을 수 있을 정도로 "큰 소리로 울"었다 (45:1-2). 그리고 자신을 밝혔다: "나는 요셉이라... 나는 당신들의 아우 요셉이니 당신들이 애굽에 판 자라" (창세기 45:3-4). 바로 이 때에 형들에 대한 요셉의 모든 테스트가 끝났다. 더 이상 형들을 의심하며 그들을 곤경에 빠뜨릴 생각을 하지 않기로 한 것이다. 다른 말로 하면 **원수 갚기를 포기**한 것이다.

원수 갚기를 포기하자 형들에게 다가갈 길을 막고 있었던 마지막 장벽이 무너져 내렸다. 오랫동안 억눌려 있었던 가족에 대한 정이 한꺼번에 밀려왔다. 이제는 사랑하는 가족들을 끌어안고 싶었고 더 이상 헤어지고 싶지 않았다. 더 이상 이방 땅에서 이방인들 가운데 홀로 외롭게 유대인으로 살고 싶지 않았다. 이러한 염원들이 가능한 현실로 다가왔다고 생각하니 큰 소리를 내어 울 수밖에 없었다.

그런데 형들은 애굽의 총리가 요셉이라는 사실을 믿고 받아들일 수가 없었다. 이것은 너무나 무서운 일이었고 이해하기 어려운 이야기였다.

앞으로 그들에게 무슨 일이 일어날 것인가? 커다란 두려움이 그들을 덮쳤다. 이 때에 요셉은 형들에게 그동안 무슨 일이 있어났던 것인지 하나님의 시각으로 설명해 주었다. 요셉의 설명 속에서 가해자와 피해자의 이야기는 신비스럽게도 *하나님의 뜻 안에서* 하나가 되어 나타났다:

> **당신들이 나를** 이곳에 팔았다고 해서 근심하지 마소서
> 한탄하지 마소서 **하나님**이 생명을 구원하시려고
> **나를 당신들**보다 먼저 보내셨나이다 ...
> **하나님**이 큰 구원으로 **당신들**의 생명을 보존하고
> **당신들**의 후손을 세상에 두시려고 **나를 당신들**보다 먼저
> 보내셨나니 그런즉 **나를** 이리로 보낸 이는
> **당신들**이 아니요 **하나님**이시라" (창세기 45:5, 7-8)

아무도 하나님의 계획 안에서 버림받지 않았다. 형들도 요셉도 하나님 안에서 돌봄을 받고 축복을 받는 대상이 되었다. 이 이야기를 들려주는 것은 다름이 아니라 바로 피해자인 요셉이었다: "당신들의 눈과 내 아우 베냐민의 눈이 보는 바 당신들에게 이 말을 하는 것은 내 입이라" (창세기 45:12). 마침내 요셉이 형들과 "입맞추며 안고 울 때" 드디어 형들은 요셉에게 입을 열어 말할 수 있었다 (창세기 45:15). 그러나 형들은 아직 울 수 없었고, 기뻐할 수 없었다. 단지 요셉과 말할 수 있을 뿐이었다.

5. 잃었던 가족들과의 재회: 상처의 치유와 잃은 것의 회복

상호간의 관계를 가로막고 있었던 장벽이 무너지자 만남이 이루어졌다. 그동안 가슴속 깊이 억눌려 있었던 친족간의 정이 홍수 같이 터져 나오는 것이었다. 이 세상에 살면서 가장 중요한 사랑의 원천인 가족간의 사랑이 이루어지면서 요셉의 상처는 치유 받기 시작했다. 감사의 눈물과 기쁨의 눈물이 한없이 흘러내렸다. 요셉은 베냐민을 처음 알아보았을 때 혼자 울었고 (43:29-31), 유다 형의 인간적 모습을 확인했을 때 형을 다시 찾았다는 안도의 기쁨에 울었고 (45:1-2), 베냐민과 통성명하면서 함께 울었고 (45:14), 형들이 자기를 알아보았을 때에 서로의 이름을 부르며 울었다 (창세기 45:15). 그런 후 요셉은 아버지를 만났고 또 다시 쌓였던 울음을 터뜨렸다 (46:29). 많은 장벽이 무너졌고 많은 눈물들이 흘러넘쳤다. 모든 아픔과 상처들을 치유하면서 회복의 역사가 일어난 것이다.

6. 쌍방적 용서: 화해

그러나 형들은 아직도 두려움 속에서 살고 있었다. 요셉을 믿을 수가 없었다. 요셉은 어렸을 때부터 이상한 일들을 몰고 다녔다. 요셉의 꿈들은 매우 기분 나쁜 것들이었고, 아버지의 절대적인 사랑을 독차지했던 것도 이해할 수 없는 일이었다. 그런데 지금은 어떤가? 몰래 죽이려다 외국에 팔아버렸던 조그만 소년이 어떻게 애굽의 총리가 되어 나타났다는 말인가? 누구의 머리로 이 일을 이해할 수 있을까? 요셉을 이해할 수 없는 만큼 그는 두려운 존재였다. 그 머릿속에 어떤 생각을 가지고 있으며, 그 놀라운 권세로 무슨 보복을 할 것인가? 그의 눈물도, 하나님에 대한 이상한 이야기도 현실로 느껴지지 않는다. 설상가상으로 이제 아버지께서 돌아 가셨다. 형들을 보호해 주던 마지막 방패막이도 사라진 것이다. 형들에게 있어서 요셉의 용서는 현실로 느껴지지 않았다. 그들에게 요셉의 용서는 아직도 멀게만 느껴진 것이다. 이제 살기 위해 마지막 수단을 써야 한다. 아버지의 이름을 빌어 요셉에게 용서를 빌고 원수를 갚지 말아 달라고 애원하기로 하였다:

당신의 아버지가 돌아가시기 전에 명령하여 이르시기를
너희는 이같이 요셉에게 이르라
네 형들이 네게 악을 행하였을지라도 이제 바라건대
그들의 허물과 죄를 용서하라 하셨나니
당신 아버지의 하나님의 종들인 우리 죄를 이제 용서하소서
(창세기 50:16-17).

아버지가 실제로 이렇게 말씀하고 돌아가셨을지도 모른다. 그러나 그것은 더 이상 요셉에게 중요하지 않았다. 형들이 요셉의 용서를 느끼지 못하고 있었던 것이 문제였다. 요셉은 형들의 말을 듣고 다시 한 번 "울었다" (창세기 50:17). 울고 있는 요셉 앞에 형들이 다가와서 엎드려 말하길 "우리는 당신의 종들이니이다" 하였다 (창세기 50:18). 그러자 요셉이 그들에게 두려워하지 말라 하며 위로하였고, 그들과 그들의 자녀들을 책임져 주겠다고 다짐해 주었다. 그리고 요셉은 110세에 죽음을 맞이할 때까지 형들과 그리고 형들의 가족들과 함께 애굽에서 함께 살았다 (창세기 50:22). 진정한 쌍방적 용서가 이루어지면서 야곱의 가족은 화해를 경험한 것이다.

요셉의 이야기에 나타난 용서의 일곱 단계

우리는 요셉의 이야기를 통해 용서를 이루어 가는 데 필요한 일곱 단계를 다음과 같이 생각해 볼 수 있다.[1] 다음의 일곱 단계들은 우리의 용서의 여정에도 적용해 볼 수 있다. 우리는 각자 어느 단계에 와있는지 생각해 보자.

제1단계: 쓰러진 자신을 일으켜 세우기

용서의 첫 단계는 몸과 마음이 지쳐버려 일어날 기운도 없는 상황에서 벗어날 시간을 갖는 것이다. 이것은 자기의 인생을 피해자로서 마감하지 않기로 결단할 때에 가능하다. 자기가 당한 비극적 사건이 자신의 인생을 삼켜버리는 것을 거부하고, 자신만의 긍정적 인생의 목표를 찾아서 발전시키며 살기로 결심하며 새 출발하는 것이다. 따라서 잃어버린 육체의 건강을 되찾고, 사회경제적 기반을 다시 쌓아 든든히 두 발로 서고, 가족과 같은 사랑의 공동체를 만들어 감정적 안정을 되찾는 것이 용서를 시작하는 첫 단계라고 볼 수 있다.

제2단계: 상처와 분노의 인정 및 표출

우리가 불의한 범죄 행위를 당했을 때 화가 나는 것은 매우 당연하며 중요한 것이다. 이러한 상황에서 화를 내지 않으면 건강한 자아와 사회를 지켜나갈 수 없게 되고, 불법과 부도덕이 개인과 사회를 망쳐버리게 된다. 자신에게 속한 소중한 것들(인격, 관계, 물질 등)이 부당하게 침범 당했을 때에 밖으로 그 부당함을 표현하는 것이 **분노**이며, 속으로 잃어버린 것에 대해 안타까워하고 아파하는 것이 **상처**이다. 이 두 가지 현실이 자신의 삶 속에 일어나고 있다는 것을 먼저 인정하고 밖으로 표현하는 것이 용서의 두 번째 단계라고 볼 수 있다.

상처 때문에 괴로워하고 분노로 잠을 이루지 못하면, 당신은 이미 용서의 두 번째 단계를 밟고 있다고 생각하면 된다. 이 단계를 통과하지 않고는 다음 단계로 넘어갈 수가 없는 것이다. 요셉은 형들이 22년 만에

---

[1] Lewis B. Smedes 는 용서하기를 다음의 네 단계로 설명한다: (1) 상처를 인정한다; (2) 미움의 감정을 인정한다; (3) 새로운 시각으로 상처를 치유한다; 그리고 (4) 각자의 감정과 원하는 바에 대해 솔직하게 털어놓고 어떠한 관계를 형성할 지 함께 만들어 간다. 여기에 대해서는 다음을 살펴보라: *Forgive and Forget: Healing the Hurts We Don't Deserve* (San Francisco, CA: Harper Collins Publisher, 1984, 3-50.

나타나 다시 만나면서 이러한 과정을 거쳤지만 우리에게는 **가해자들**이 눈 앞에 나타나지 않을 수도 있다. 그런 경우에는 자신의 고난을 잘 이해하며 사랑해 주는 이웃과 이야기 하면서 이 단계를 거치는 것이 중요하다.

제3단계: 시각의 변화

우리는 도대체 왜 이런 일이 나에게 일어났는지 대답을 구하며 한편으로는 가해자와 대화하고 또 다른 한편으로는 하나님과 씨름한다. 이러한 과정에서 그동안 몰랐던 새로운 사실들을 발견하게 되고, 가해자와 일어난 사건에 대해 새로운 시각으로 바라볼 수 있게 되는 것이다. 이 때에 혹시라도 **가해자**가 자기의 잘못에 대해 인정한다든지 손해배상을 하게 되면 그에 대한 시각을 바꾸는 데에 크게 도움이 된다. 이렇게 하여 갖게 되는 새로운 시각은 우리의 감정들을 녹여주기도 하고 풀어주기도 한다. **가해자**는 더 이상 **마귀**나 **악의 화신**이 아니라 하나의 **연약한 인간**으로 우리 앞에 서게 되는 것이다.

제4단계: 원수 갚기와 포기

시각이 바뀌면서 우리는 그동안 우리 마음에 꼭 붙어 다니던 복수심을 놓게 된다. 어떻게 해서든지 내가 원수를 갚으려는 마음을 포기하게 되는 것이다. 이 순간 우리는 과거로부터 자유롭게 될 뿐만 아니라 분노의 부정적 에너지로부터 풀려나게 된다. 우리의 마음은 이제 큰 짐을 벗어버리게 되는 것이다.

제5단계: 하나님 안에서 하나의 이야기로 통합하기

하나님을 믿는 성도들은 이 모든 일들을 하나님 안에서 이해하고 싶어 한다. 처음부터 끝까지 모든 사건에 관여하시고 앞으로도 우리 모두의 삶에 관여하실 하나님 안에서 우리의 이야기는 어떠한 모습으로 기록될 것인가? 가해자도 피해자도 하나님의 시각으로 보기 시작하면서 두 개의 다른 이야기가 하나로 다시 태어나게 된다. 이것이야말로 믿는 성도들에게 가장 중요한 단계라고 볼 수 있다. *과거는 하나님 안에서 잊혀지는 것이 아니라 하나님의 시각으로 하나의 이야기가 되어 기억되고 기록되는 것이다.* 이 하나님의 이야기를 피해자가 가해자와 함께 나누게 될 때 공동체는 희망에 찬 미래의 문을 열 수 있게 되는 것이다.

제6단계; 상처의 치유와 잃은 것의 회복

이제 둘 사이를 가로막고 있던 장벽도 무너졌다. 감정의 물결이 막힘이 없이 넘나들게 된다. 막혔던 관계가 열리고 잃어 버렸던 것들을 다시 찾게 된다. 만족감이 생겨나며 기쁨과 평안을 맛보게 된다.

제7단계: 새로운 관계의 구축

이제 새로운 관계를 세우고 만들어 가는 일이 남았다. 요셉의 형들은 아버지의 그늘 아래에서 고센 지방에서 살고 있다가 아버지가 돌아가시자 방패막이를 잃고 두려워했다. 이제 요셉을 직접 대면하게 된 것이다. 형들은 정중한 사과와 함께 용서를 구했고, 요셉은 하나님 안에서 그들을 용서했다는 확인과 더불어 그들을 계속해서 돌보아 줄 것을 약속했다. 그들은 애굽으로 들어와 요셉과 *함께* 살았다. 새로운 관계는 늘 조심스럽고 두렵다. 그러나 불가능한 것은 아니다.

✍ 제 16 과의 핵심내용 ✍

1. 요셉의 이야기를 통해 살펴본 용서의 일곱 단계는 다음과
   같다:
   - (1) 쓰러진 자신을 일으켜 세우기
   - (2) 상처와 분노의 인정 및 표출
   - (3) 시각의 변화
   - (4) 원수 갚기를 포기
   - (5) 하나님 안에서 하나의 이야기로 통합하기
   - (6) 상처의 치유와 잃은 것의 회복
   - (7) 새로운 관계의 구축

✍ 핵심 성경 구절 ✍

"하나님이 큰 구원으로 당신들의 생명을 보존하고
당신들의 후손을 세상에 두시려고
나를 당신들보다 먼저 보내셨나니
그런즉 나를 이리로 보낸 이는
당신들이 아니요 하나님이시라"
(창세기 45:7-8a).

묵상과 대화를 위한 질문

1. 여러분의 경험 속에서 용서의 일곱 단계 중 어떤 단계가 가장
   어려웠습니까?

2. 요셉의 쌍방적 용서는 형들이 용서를 구하며 자기들을 종으로
   삼아달라고 요청할 때에 이루어졌다. 그렇다면 요셉의 일방적
   용서는 언제 이루어졌을까요? 요셉의 이야기 가운데 요셉은 일
   곱 번 울었다고 기록되어 있습니다. 이 가운데 요셉은 언제 마음
   속으로 형들을 용서했을까요?

(1) 요셉이 듣는 줄 모르고 형들끼리 요셉에게 잘못한 일 때문에 벌을 받게 되었다고 말하는 것을 들었을 때:

"요셉이 그들을 떠나가서 **울고**…" (창세기 42:21-24).

(2) 요셉이 베냐민을 22년 만에 처음으로 보았을 때:

"요셉이 아우를 사랑하는 마음이 복받쳐 급히 울 곳을 찾아 안방으로 들어가서 **울고**" (창세기 43:30).

(3) 형 유다가 베냐민 대신 자기가 종이 되겠다고 애원할 때 자기가 요셉이라고 알리면서:

"요셉이 시종하는 자들 앞에서 그 정을 억제하지 못하여 소리 질러 모든 사람을 자기에게서 물러가라 하고 그 형제들에게 자기를 알리니 그 때에 그와 함께 한 다른 사람이 없었더라 요셉이 **큰 소리로 우니** 애굽 사람에게 들리며 바로의 궁중에 들리더라" (창세기 45:1-2).

(4) 형들이 마침내 요셉을 알아보았을 때 모든 형제들과 안으며 상봉할 때:

"자기 아우 베냐민의 목을 안고 **우니** 베냐민도 요셉의 목을 안고 **우니라** 요셉이 또 형들과 입맞추며 안고 **우니** 형들이 그제서야 요셉과 말하니라" (창세기 45:14-15).

(5) 아버지 야곱을 만났을 때:

"요셉이 그의 수레를 갖추고 고센으로 올라가서 그의 아버지 이스라엘을 맞으며 그에게 보이고 그의 목을 어긋맞춰 안고 얼마 동안 **울매**" (창세기 46:29).

(6) 아버지 야곱이 죽었을 때:

"야곱이 아들에게 명하기를 마치고 그 발을 침상에 모으고 숨을 거두니 그의 백성에게로 돌아갔더라 요셉이 그의 아버지 얼굴에 구푸려 **울며** 입맞추고" (창세기 49:33-50:1)

(7) 형들이 용서를 구하고 종이 되겠다고 했을 때:

"… 당신 아버지의 하나님의 종들인 우리 죄를 이제 용서하소서 하매 요셉이 그들이 그에게 하는 말을 들을 때에 **울었더라**" (창세기 50:17).

3. 요셉에게는 22년간의 기간과 더불어 많은 것들이 채워졌습니다. 그러나 우리에게는 가해자와의 대면이나, 상실한 것들이 회복되거나 혹은 사과의 말 등 용서를 가능케 하는 일들이 일어나지 않을 수도 있습니다. 또는 가해자가 이미 죽었거나 너무 멀리 있을 수도 있습니다. 우리의 가해자는 아직도 잘못한 것이 없다고 생각할 수도 있습니다. 이러한 경우 우리는 그를 어떻게 용서할 수 있을까요?

4. 요셉은 아버지의 죽음 후에 형제들과 그들의 가족들과 함께 애굽에서 살았습니다 (창세기 50:22). 우리는 용서하면 꼭 같이 살아야 하는가요? 같이 살 수 있을 때와 살 수 없을 때를 어떻게 분별할 수 있을까요?

5. 다음의 이야기를 읽어 보고 질문들에 대해 이야기해 봅시다.

용서하기
(L집사)

용서란 실천하기가 아주 어려운 하나님의 요구이다. 내가 먼저 하나님께로부터 용서라는 이름으로 빚을 탕감 받았는데도, 남에게 빚진 사람을 용서라는 이름으로 탕감해 주기가 왜 그리 어려운지

10년 전 소위 바람난 아내와 끝내 헤어졌다. 내 인생과 아이들의 인생을 초장부터 망가뜨린 그 여자가 그렇게 미울 수가 없었으며, 분노와 증오의 대상으로 내 마음 한 쪽 구석에 자리 잡아 왔다. 주기도문을 외울 때마다 솟구쳐 올라왔던 1년여 동안의 내 자신과의 싸움에서 결국은 그 여자도 하나님께서 만든 사랑의 대상이며, 그 여자와의 관계가 이렇게까지 되지 않았으면 아마도 나는 하나님을 진정으로 만나거나 하나님을 사랑

할 수 없었다는 생각에 미치자, 분노와 증오의 감정이 사그라지게 되었다. 그뿐만 아니라 긍휼의 마음이 일어나 하나님 앞으로 나올 수 있도록 인도해 달라는 중보의 기도를 한동안 드릴 수 있었다. 용서한 것 같으나 용서하지 못한 마음의 한쪽 깊숙한 구석까지 하나님의 은혜의 빛이 비추게 될 때까지 5년이란 세월을 기다려야 했다.

그럼에도 불구하고 마음에 분이 가시지 않는 것은 그 여자를 그렇게 만든 그 남자, 그 남자를 나는 매일 내 마음속에서 죽이고 있었다. 도저히 용서되지 않는 일이었다. 용서를 해야 한다고 하면서도 오히려 하나님께 절대로 그를 용서하지 말고 벌을 내려달라고 기도 아닌 절규를 하고 있었다. '악인들이 어찌 잘 살 수 있으며, 편안 할 수 있습니까? 언제까지입니까?' 묻지 말아야 할 물음들을 계속 하나님께 묻고 있었다. 분노와 미움으로부터 나의 자유스러움을 위해 그리고 하나님의 명령 때문에 용서해야 된다는 것을 화해사역을 통해 배우고 확인하면서도 좀처럼 용서한다고 선언할 수도 없고, 그 말이 마음의 주머니에서 나오기를 내 자신이 거부하고 있었다. 사랑을 잃어 빈자리가 된 내 마음에 사랑과 긍휼이 채워지지 않는 한 나의 의지는 나의 또 다른 감정과의 싸움의 연속이었다.

하나님을 알지 못해 죽어가는 많은 영혼들이 불쌍히 보이면서, 그도 하나님께서 만드셨고, 구원하시기를 원하는 그런 영혼 중의 하나라는 생각이 점점 더 커졌다. 나 역시 지금은 하나님의 은혜의 자리에 있지만, 흉악한 죄인이었다는 사실에 그를 용서 못할 것도 없다는 마음이 또한 커지기 시작했다. 그 두 사람으로부터 온전히 자유함을 얻기까지 무려 10년이란 세월이 걸렸지만, 마침내 하나님께서 주시는 사랑과 긍휼의 마음으로 용서의 한 과정을 체험하게 되었다.

1. 위의 이야기를 읽으면서 각자가 경험한 용서의 여정과 다른 점이 있는지 함께 이야기해 봅시다.

2. 이야기 속에서 보면 신앙의 역할이 크게 작용하였습니다. 여러분이 용서할 때에도 신앙이 크게 작용하고 있는지 이야기해 봅시다.

참고도서

[인간의 필요욕구 (Human Needs)]

Abraham Maslow, *A Theory of Human Motivation* (1943)
Originally published in Psychological Review, 1943, vol. 50#4, pp 370-396
Rosenberg, Marshall B., *Nonviolent Communication: A Language of Life.*
2nd ed. Encinitas, CA: Puddle Dancer Press, 2005.

[갈등의 증상과 갈등의 발전 단계]

Leas, Speed B., *Moving Your Church Through Conflict*, Herndon, VA:
Alban Institute, 1986
Lombard Mennonite Peace Center. *Mediation Skills Training Institute.*
Lombard, IL: LM Peace Center, 1999

[갈등의 요인 및 대응]

Lombard Mennonite Peace Center. *Mediation Skills Training Institute.*
Lombard, IL: LM Peace Center, 1999.
Moore, Christopher W. *The Mediation Process: Practical Strategies for
Resolving Conflict.* 2nd ed. San Francisco: Jossey-Bass Publishers, 1996.

[중재]

Moore, Christopher W. *The Mediation Process: Practical Strategies for
Resolving Conflict.* 2nd ed. San Francisco: Jossey-Bass Publishers, 1996.

[회복의 사역]

Schreiter J. Robert, The Ministry of Reconciliation: Spirituality &
Strategies (Maryknoll, New York: Orbis Books, 1998), 40-51.

[대화법]

Rosenberg, Marshall B. *Nonviolent Communication: A Language of Life.*
2nd ed. Encinitas, CA: Puddle Dancer Press, 2005.

[갈등대응의 경사표]

Sande, Ken. *The Peace Maker: A Biblical Guide to Resolving Personal
Conflict.* 3rd ed. Grand Rapids, MI: Baker Books, 2004.

[용서]

Smedes, Lewis B. *The Art of Forgiving: When You Need to Forgive and
Don't Know How.* New York: Ballantine Books, 1996.
--------. *Forgive and Forget: Healing the Hurts We Don't Deserve.*
San Francisco: Harper Collins Publishers, 1996.